リラックマと遊園地

Navigation Book

主婦と生活社

Contents

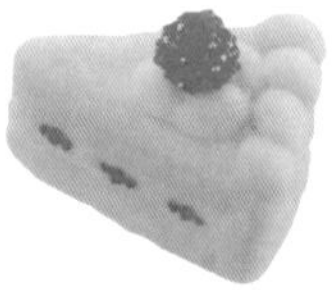

ナカスギランド

NAKASUGI LAND

❺ダンゴショップ
スズネが売り子をしているだんご屋。だんごの中にはクリームが入っている。だんご好きのリラックマは、1本では足りなかったみたい。

❹カシワモチジェット
ピンクとグリーンのカシワモチカラーがかわいいジェットコースター。リラックマは安全バーに頭が引っかかってしまい、残念ながら乗車できず…。

❸ゴーカート
リラックマたちとスズネのファンがカーチェイスを繰り広げたゴーカート。ボディはチョコレートがたっぷりかかったエクレア型！

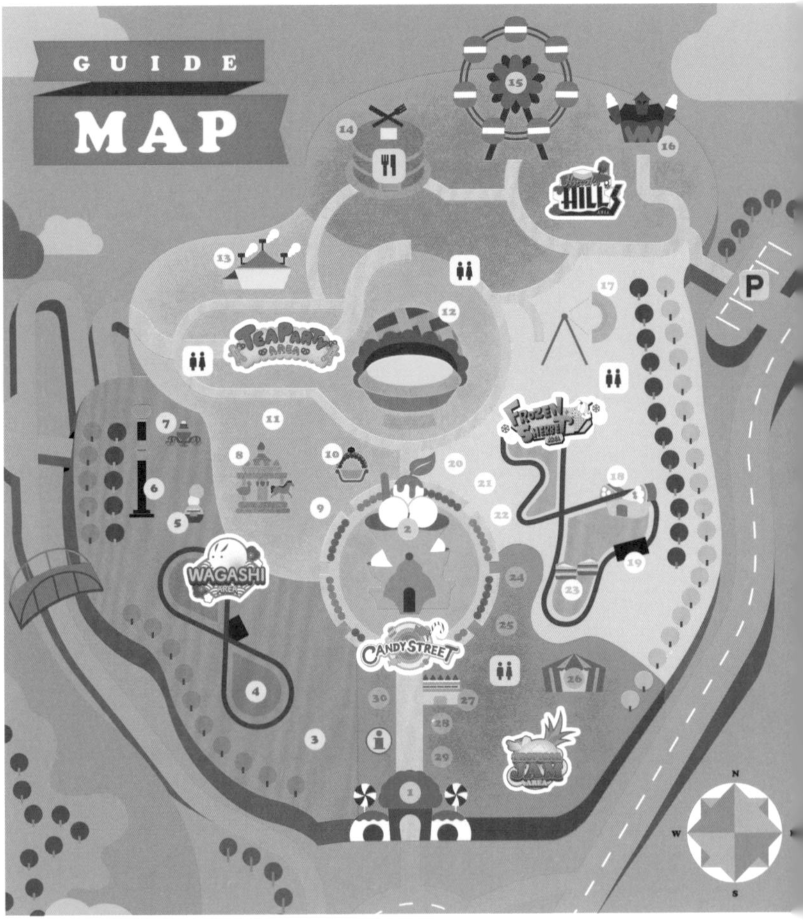

❷パフェタワー
みんなの待ち合わせ場所になっていた、ナカスギランドのシンボルである時計台。目の前の広場は劇中でも多く登場。

❶インフォメーションセンター
園の入り口近くにあり、スズネがウグイス嬢を務めている。ハヤテやトキオたちが利用するが、なかなか合流できない。

ガイドマップ

⑦フィッシュパス

たい焼きなど和スイーツをモチーフにした、オクトパス型のアトラクション。リラックマは重量オーバーにより乗車できなかった。

⑪ハチャメチャティーパーティー

ティーカップモチーフの回転型アトラクション。トキオとエミリが高速で回し、ゲームで画面酔いしていたリラックマに追い打ちをかけた。

㉗ミルフィーユプレイハウス

射的や輪投げ、もぐらたたきなど、様々なゲームで遊べるスポット。みんなの活躍により、無事にスタンプをゲットした。

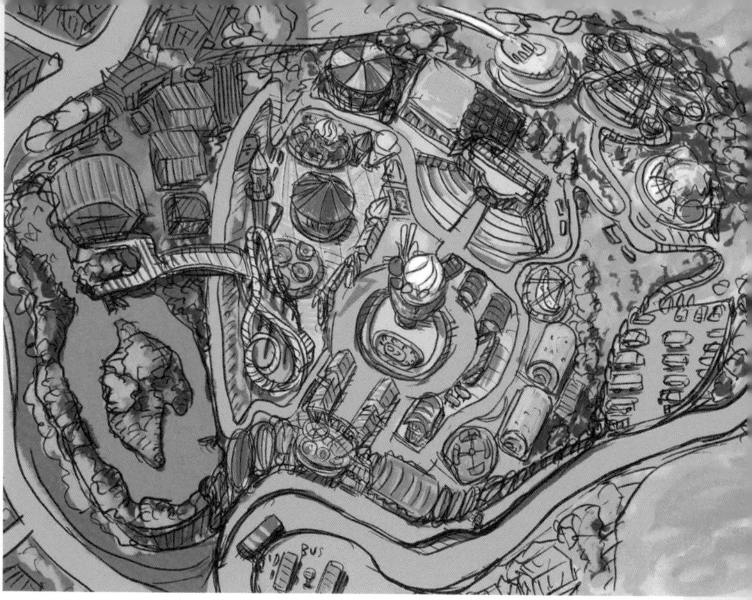

▲小林監督が描いたナカスギランドのイメージ。園の左側には、かつてのジャングルエリアが残っている。

⑫アップルパイステージ

歌やダンスなどのイベントが行われる、半ドーム型のステージ。スズネのラストライブの舞台にもなった。

⑱フードコート

お腹を空かせたリラックマたちに、スズネが食事をごちそうした場所。テーブル&チェアはクリームソーダ風のさわやかなデザイン。

⑲フローズンスカイ

スズネのファンから逃げるために乗車したスカイサイクル。のんびりとナカスギランドを一望できるのが魅力。

NETFLIX シリーズ

リラックマと遊園地

Blu-ray & DVD

2023年 5月 3日発売

2023 年に生誕 20周年を迎える、
大人気キャラクターのリラックマたちが大活躍！
がんばる、を忘れたい大人のあなたも、
ファミリーでも、楽しく癒される
ノンストップコマ撮りアニメーション！

数量限定 オリジナル ぬいぐるみ 付き！

スペシャル版は、探検服を着たリラックマたちがセットになっています。

商品情報

【販路・数量限定スペシャル版（1000セット限定)】
『リラックマと遊園地』オリジナルぬいぐるみ「ジャングルツアー」付き Blu-ray／DVD ¥22,000
※ポニーキャニオン ショッピングクラブ限定特典 ※映像収録内容は通常版と同一

【生産数限定版】
『リラックマと遊園地』大型カードセット（12枚）付きボックス Blu-ray／DVD ¥6,600
※映像収録内容は通常版と同一

【通常版】
Blu-ray／DVD ¥5,280

収録内容：本編全8エピソード（約121分)、特典映像（ティーザー／予告編／ダンスループ／ TikTokメイキング各種ほか約7分）
監督：小林雅仁　脚本：角田貴志・上田 誠（ヨーロッパ企画）
プロデュース／アニメーション制作：ドワーフスタジオ（株式会社FIELD MANAGEMENT EXPAND）
クリエイティブスーパーバイザー：サンエックス‘リラックマチーム’　クリエイティブアドバイザー：コンドウアキ
音楽：岸田 繁　主題歌：くるり「ポケットの中」　声の出演：多部未華子、山田孝之、上田麗奈 ほか
販売元：ポニーキャニオン　製作・著作：サンエックス株式会社

Character Profile

キャラクタープロフィール

『リラックマと遊園地』の物語を彩るのは、
リラックマをはじめ、個性豊かなキャラクターたち。
小林監督のラフスケッチとともに紹介します。

［リラックマ／Rilakkuma］

カオルさんの家にいきなり住みついた着ぐるみのクマ。背中にチャックがあるが、中身は秘密らしい。毎日、家でだらだらゴロゴロして過ごしている。好物はホットケーキ、オムライス、プリン、だんごなどで、一番の関心ごとは毎日のごはんとおやつ。遊園地にはあまり興味がないが、スタンプラリーを達成するともらえるスペシャルホットケーキに誘われてついてきた。

Rilakkuma's Episode

園の着ぐるみと間違われて…

頭が大きすぎてジェットコースターに乗れなかったリラックマ。トキオたちを待つ間、園長に連れられ、チラシ配りを手伝うことに。

初挑戦のゲームでクタクタ

エミリとトキオの勝負に巻き込まれ、慣れないゲームに挑戦！ 画面酔いで目が回るなか、次に待ち受けていたアトラクションとは…。

相変わらずの食いしんぼう！

様々なトラブルに巻き込まれながらも、食べるときはいつでも幸せそう。念願のスペシャルホットケーキを食べたときはこんな笑顔に♡

[コリラックマ／Korilakkuma]

リラックマより小さく、いたずらが大好きな白いクマ。胸に赤いボタンがあり、本物のクマではないみたい。どこからともなく現れ、カオルさんの家にやってきた。遊園地よりもラジコン遊びに夢中。

ピエロにもらったお花のステッキ
ピエロからお花が飛び出すステッキをもらい、うれしそうに遊ぶコリラックマ。のちに、このステッキがピンチを救う…!?

[キイロイトリ／Kiiroitori]

カオルさんが飼っている黄色い鳥。掃除など家事を率先して行う働き者。趣味は貯金で、貯金箱を戸棚に隠している。家ではリラックマたちのお世話が大変なので、遊園地では思いきり楽しみたいと思っている。

だんご代に消えた500円玉
リラックマとトキオの説得に折れ、だんごを買うために500円玉を差し出したキイロイトリ。眉間にシワを寄せ、不服そうな表情に。

[カオルさん／Kaoru]

都内商社に勤めるアラサーOL。まじめで優しく、家の外ではモヤモヤしがちだけれど、リラックマたちと暮らすことでやり過ごしている。片想いのハヤテと一緒に食べるため、お弁当を持って遊園地へ。

ハヤテくんに電話しよう！ でも…
ハヤテと合流するために電話をかけようとするが、緊張でためらうカオルさん。スマートフォンを睨み、悩むうちに日が暮れてしまった。

[トキオ/Tokio]

以前、カオルさんと同じアパートに住んでいた10歳の男の子。母親と2人暮らし。遊園地に誘ってもらい、リラックマたちと久しぶりに遊べてテンションが上がっている。

スイミング用に買ってもらった
新しいバッグ

[ハヤテ/Hayate]

トキオの親戚で、笑顔がさわやかなお兄さん。運送会社「ハヤテ急便」に勤め、カオルさんからハヤテくんと呼ばれている。午前中に仕事を終え、遅れて遊園地へやってきた。

力仕事したときはさわやかな
汗をかいてることが多い。

得意なゲームでエミリと勝負!

レーシングゲームでエミリと対戦したトキオ。キャラクター装備も決まっている。エミリには負けてしまったものの、なかなかの腕前!

ペンライトさばきはバッチリ!

いつの間にか園のスタッフになじんでいたハヤテ。全力でペンライトを振る姿に、横にいたカオルさんは一瞬戸惑いの表情を浮かべた。

[エミリ/Emiri]

ゲームとプログラミングが得意な女の子。ゲームの腕前は世界ランキングに名を連ねるほどで、将来の夢はプロゲーマーになること。大人びていて気が強そうに見えるが、父親にプロゲーマーの道を認めてもらえず悩んでいる。

トキオと同じ10歳。ませた女の子。
思春期がはじまってるカンジ。
ゲームやプログラミングが得意で
その世界では名を知られた存在。
ハンドルネームは"TAZMAKI"。
かわいいものよりかっこいいものが好み。
意地っ張りで、このところ親ともあまり口を
きいてないけど、実は両親が昔ゲーマーだったのを
影響をうけてゲームが好きになったそうだ。

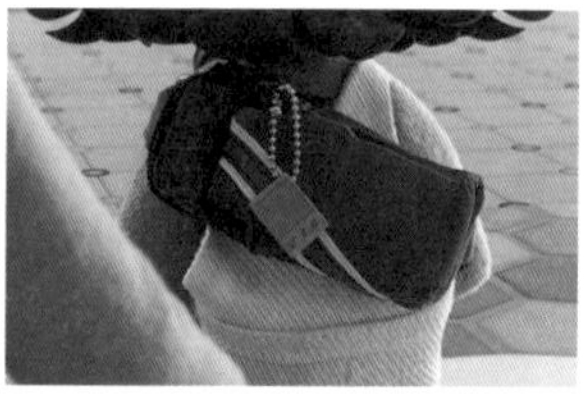

ゲームを好きになったきっかけは…

ゲーム好きの両親の影響が大きく、ハンドルネームの由来も両親の名前。エミリが4歳のとき、両親が買ってくれたゲーム機型のキーホルダーは、今でもエミリのバッグに付けられている。

[スズネ／Suzune]

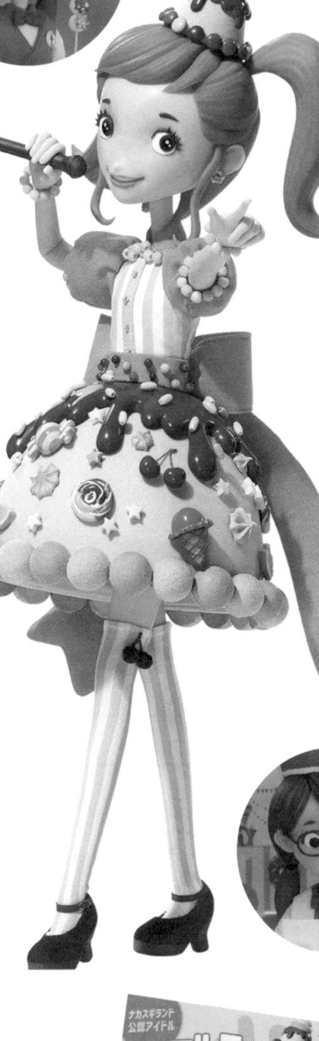

ナカスギランドの従業員。人手不足のため、受付のウグイス嬢からだんご屋の売り子、園の公認アイドルまでひとりで兼任している。アイドル・スズネであることがお客さんにバレないよう、普段はメガネをかけて勤務している。まじめで責任感が強く、最近はオーバーワーク気味。遊園地で働くことが学生時代からの夢であったが、疲れからミスも重なり、少し消極的になっている。

Suzune's Episode

閉園間近なのにミスばかり…

機材の発注数をゼロ1個多く間違えるという重大なミスを犯し、呆然と立ち尽くすスズネ。園長に怒られ、思わず涙をこぼしてしまう。

メガネを外すとアイドル・スズネに！

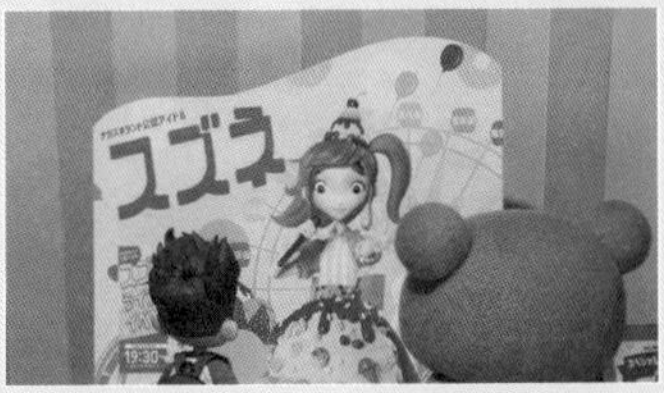
スズネ

リラックマたちと打ち解けたスズネは、こっそり自分の正体を明かすことに。しかし、その様子をファンに目撃され、大騒動に発展…！

遊園地への就職を夢見た学生時代

学生時代のスズネにとって、希望に溢れた場所であった遊園地。当時の想いを振り返り、スズネは最後のステージへと向かった。

スズネ
ナカスギランドに勤める社員。26歳。
園の公認アイドルとして、コアなお客さんから支持されている。実は受付アナウンス嬢と団子屋の売り子と兼任しているのはお客さんにはヒミツである。
責任感が強くものすご一く真面目。
園の仕事をいろいろ背おいこみすぎて、つらくなってる今日この頃である。
団子屋
受けつけ嬢
回想の学生時代三つ編み
2つ結びにメガネ
この状態で上着羽おって
園内をファンから逃げる

ナカスギランド
公認アイドル
スズネ
ライブ
イベント
ズキューン
パレードスタート
19:30～
@アップルパイステージ

↑リラックマが配っていたチラシや、遊園地中に貼られていたポスターのデザイン。「ズキューン」ポーズのスズネがキュート♡

［ピエロ／Pierrot］

ナカスギランドで働くピエロ。弱気な性格で、子どもたちにもナメられがち。スズネに恋をしているが、自分に自信がなく、なかなか想いを伝えられない。

メンタル弱い。
パントマイムやジャグリングはかなりうまいのに自信がない。

←スズネのライブ開始まで一生懸命場をつないだピエロ。スズネからの感謝のハグに、思わず顔がゆるむ。

［永治／Eiji］

ナカスギランドに長年勤めている技術スタッフ。大らかで仕事を楽しんでおり、トラブルにも動じない。師匠・斗升にもらった工具箱を大切に使っている。

←かつては斗升とともに新しいアトラクション作りに勤しんでいた。ポジティブな姿勢は斗升ゆずり。

［園長／Park Director］

ナカスギランドの園長。10年前の就任以来、経営を立て直そうと努力を続けているが、うまくいっていない。器が小さく、社員からの人望はイマイチ。

←怒りっぽい性格だが、どこか憎めないタイプ。ラストライブ前のスズネを励ますなど優しい一面も。

［タツヤとマキコ／Tatsuya & Makiko］

エミリの両親。クレーンゲームが得意で、地元では2人の右に出る者はいなかったらしい。デジタルゲームに疎く、エミリの将来に不安を抱いている。

←久しぶりに親子3人でクレーンゲームをプレイ。両親の連携が功を奏し、無事にお菓子をゲット！

Behind the Scenes

メイキング オブ
リラックマと遊園地

『リラックマと遊園地』の制作の裏側をお届け！
スタッフ＆キャストインタビューのほか、
ナカスギランドのデザイン資料も必見です。

Staff Interview

監督
小林 雅仁 × 脚本 角田 貴志（ヨーロッパ企画）× 脚本 上田 誠（ヨーロッパ企画）× プロデューサー 伊藤 大樹（ドワーフ）

全8話を通して、ハラハラドキドキの1日を描いた『リラックマと遊園地』。
リラックマの新たな一面も楽しめる本作の脚本制作について、お話を伺いました！

── 本作の脚本に、ヨーロッパ企画さんを起用した理由を教えてください。

伊藤 大樹（以下：伊藤）　前作の『リラックマとカオルさん』は、大人の女性に向けたストーリーでした。一方で、シリーズ第2弾となる本作は、キッズを含め家族で楽しめる作品にしようということで、企画がスタートしたんです。今回お声がけしたのは、ヨーロッパ企画さんが得意とするドタバタコメディであれば、前作の続編ではない新たなリラックマ作品が生み出せると考えたからです。元々、舞台演劇とコマ撮りアニメには通じるものがあると思っていて。いずれも舞台あるいはミニチュアの美術セットという箱庭のような空間を使ったり、限られたシチュエーションの中で物語が展開したりするじゃないですか。なので、劇作家さんとコマ撮りアニメは相性が良いだろうと思いましたし、個人的にヨーロッパ企画さんの舞台『サマータイムマシン・ブルース』が好きなので、ご一緒することができて光栄でした。

上田 誠（以下：上田）　ありがとうございます。前作はいち視聴者として拝見しましたが、共感性の高いストーリーで熱狂的なファンも多いだろうと思っていたので、脚本のオファーをいただいたときはドキドキしましたね（笑）。まだ遊園地というテーマも決まっておらず、どうしたら前作のような素晴らしい世界観を踏襲できるだろうか…と悩みました。しかし、前作とはガラッと雰囲気を変えたいというリクエストをいただいたので、遊園地や冒険、旅行といった、自分が得意とするフィールドでできそうなテーマを提案しました。今回は、僕がそういったテーマやストーリーの骨組み部分を作り、脚本自体は角田さんに書いてもらっています。

── なぜ、本作では「ナカスギランド」が舞台になったのでしょうか？

小林 雅仁（以下：小林）　上田さんから遊園地という案をいただいたとき、私たち制作サイドとしても、遊園地にはいろいろなエリアがあるので物語を展開しやすそうだと思ったんです。

伊藤　キャッチーで華やかなテーマですし、Netflixさんやサンエックスさんに提案した際もとても好感触でした。

角田 貴志（以下：角田）　僕は遊園地というテーマが決まってから制作に参加したのですが、遊園地の本や映像を見ながら、まずは上田さんと2人で設定やストーリーのアイデアを出し合いました。そのうえで、小林監督や伊藤さんたちの意見も伺い、さらに調整を加えていきました。

伊藤　一緒にアイデアを出していくなかで、前作では「365日の四季の移ろい」を描いたので、今回は「特別な1日」を描こうといった案が出たんですよね。どうしたらリラックマやその他のキャラクターにとって特別な1日になるだろうかと考えた結果、「最後のパレードを控えた、閉園間近の遊園地」というシチュエーションが見えてきました。

上田　現実でも、東京・練馬区にあった「としまえん」が閉園するというニュースが出たころで、もっと大きな遊園地を舞台にする案もあったのですが、最終的にはローカルな遊園地になりましたよね。

小林　作風やターゲットが変わっても、舞台は前作の延長線上にしたかったんです。「リラックマたちの住む街の端っこにある遊園地だったら、こんな寂れっぷりだろうな…」というイメージがあったので、いくつかスケッチを描いて、上田さんと角田さんにお送りしました。

上田　私としても、前作の四季の移ろいのように、日本らしい景色を描きたいという思いがあって。ローカルな遊園地が舞台であれば、時間の経過による色彩の変化で、日本らしさを表現できると考えました。

伊藤　ドワーフの演出チームは、遊園地のロケハンに行くなどして、アトラクションの種類やお客さんの混雑具合といった資料を集めました。ただ、そういった作業を進めながらも「リラックマがなぜ遊園地に行くのか」という動機付けについては悩んでいましたね。リラックマは基本的に家から出たがらないので（笑）。

上田　そうでしたね。リラックマが行きたくなる遊園地ってどんなところだろうと考えたときに、お菓子モチーフに振ったことで一気に視界がクリアになったような感覚がありました。

小林　食いしんぼうのリラックマにピッタリの世界観になりましたよね。元々、軽い思い付きで和菓子などのモチーフをスケッチに描き込んでいたのが、いつの間にか遊園地全体がお菓子モチーフに変わっていました。

角田　実際に映像を見て驚きました。脚本の段階ではここまでファンタジーな造形になるとは思っていなかったので、いい意味で裏切られました！

── 本作でのリラックマの描き方について、こだわった点を教えてください。

伊藤　前作はシニカルな笑いが多かったのですが、本作はフィジカルなギャグを多めに盛り込みました。普段はのんびりしているリラックマたちが、トラブルに巻き込まれたりアクティブに動いたりすることで、前作とはまた違った面白さにつながったかと思います。

上田　遊園地が舞台なので、たくさん動き回ってもらったほうが盛り上がりますしね（笑）。

角田　リラックマが誕生して20年という歴史があるからこそ、本作のリラックマも受け入れてもらえたのかなと思っています。

伊藤　たしかにそうですね！ もし本作をアニメシリーズ1作目として作ろうとしていたら、企画は進んでいなかったかもしれません。リラックマというマイペースなキャラクター性が元々浸透していて、さらに前作の世界観があったからこそ、これまでとは違ったリラックマの姿を映像化する価値が生まれたのだと思います。

小林　いきなり1作目でリラックマがジェットコースターのバーに挟まれていたら、ただかわいそうに見えてボツになっていたでしょうね（笑）。

── スズネやエミリなど、初登場キャラクターの誕生秘話を教えてください。

伊藤　作品の舞台が遊園地に決まる前から、アイドルのキャラクターを登場させたいという話は出ていましたよ

ね。“仕事に悩んでいるアイドル”というスズネの設定は、上田さん、角田さんから挙がってきました。
角田　僕たちはアイドルの方と一緒に仕事をする機会が多いのですが、彼女たちってステージに立つようないわゆるアイドル活動以外にもたくさん仕事をこなしていて、分刻みで動いていることも多い。そういった苦労を知っていたので、スズネというキャラクターを通してアイドルの大変さを表現したいなと思いました。
小林　プロットを受け取ったときに、「このアイドルは一体何歳なんだろう？」と社内で話題になりました。25～26歳だとか、実は30歳くらいかもとか、いろいろな意見が出たんです。その時点で、視聴者に深掘りしてもらえるポテンシャルを持ったキャラクターなんだと確信しましたね。
角田　エミリについては、当初「不幸な生い立ちの子」という設定を考えていたのですが…。本作はキッズもターゲットなので、今の子どもたちの感覚と近いキャラクターに変更しました。
上田　これまでゲームをする子どもって男の子のイメージが強かったと思いますが、トキオくんとの対比も考えて、今回は女の子のキャラクターになったんです。
角田　永治は元々、初老の噴水師という設定でした。スズネと同様、アイデアとしてはかなり初期から考えていたキャラクターです。
小林　そうでしたね。キャラクターはとても魅力的だったのですが、噴水師に絡んだストーリーとして、噴水のショーなど水の演出が多く盛り込まれていたんです。コマ撮りで水を表現するのはかなりハードルが高くて…(笑)。現実的に可能なラインを模索して、技術スタッフの設定に落ち着きました。

伊藤　ただ、やはり噴水師の要素は残したかったので、第3話のジャングルのシーンでは、CGを利用して水しぶきが上がる演出を入れました。

―― 脚本制作や映像化の過程で、苦労した点を教えてください。

角田　脚本の制作にあたり、基本的にはコマ撮りを意識せず、自由に書かせてもらいました。どういう風に映像化されるんだろう？ と不思議に思いながらも、採用されたということは作れるんだなという感じで(笑)。実はかなり無茶な要求をしていたかもしれません…。
小林　遊園地の設定についてブレストをしているときに、上田さんと角田さんから「ゴンドラのような、空中を走っているものがあったほうがいい」というアイデアをいただいたことが印象に残っています。コマ撮りにおいて、高さのある演出を入れるのは大変そうだと直感的に思いましたが、絶対に取り入れたかったので、楽しみながら苦労させていただきました(笑)。
上田　舞台演劇の場合はヨコ移動、映像の場合はタテ移動のほうが空間を感じられるんです。ほかの映像作品を制作する際も、タテをうまく使うように意識しています。
角田　せっかく遊園地が舞台なので、園の全景が見えるシーンは入れてほしいと思っていました。上下の移動は、ストーリーの見せ場に使うと効果的なんですよね。これはボツ案ですが、観覧車が途中で止まってしまい、一番上からロープで脱出する…みたいなイメージを考えていました。
小林　実際には、スズネが過去を振り返るシーンのスカイサイクルや、自家発電装置が隠された地下の巨大迷路など、本作のなかでもキーとなるシーンに採用させていただきました。

── 皆さんのお気に入りのシーンを教えてください。

角田　脚本段階ではジャングルツアーのシーンがどのように映像化されるのか想像できなかったので、完成した作品を見て恐竜の迫力に圧倒されました。あとは、コリラックマの動きのかわいさが要所要所で効いていて、ストーリーを楽しみながらとても癒されましたね。

上田　コリラックマつながりで、僕はラジコンを操作して地下迷路を進んでいく最終話のシーンが一番好きです。あと1歩、あのボタンまで届かないというときに途中の仕掛けが生きてくる瞬間は、身を乗り出して見入ってしまいました。

小林　本作はすべての話がつながっているのが醍醐味なので、ぜひ最終話まで見届けてもらいたいですよね。細かいのですが、私は第7話でハヤテくんがキャラクター性を爆発させるシーンが好きですね。真面目で落ち着いた人かと思いきや、突然「あーダメだ！ 地下通路は奥に進めない！」って叫ぶのがツボです（笑）。

角田　本作ではハヤテくんも活躍していますよね。ハヤテくんにフォーカスしたシーンでは、モブのスタッフたちの動きも面白く、ぜひ注目してほしいです。

伊藤　ラストのパレードのシーンも感動的でした。

上田　遊園地のスタッフが裏でいろいろな苦労を乗り越え、最後に華やかな景色を見ることができたというストーリーが、本作の制作にも重なる部分があって込み上げてくるものがありました。試写会で皆さんと一緒に観たからかもしれませんが…（笑）。コマ撮りアニメの制作は作業の総量がものすごく多いでしょうし、劇団では脚本から舞台作りまですべて自分たちで行っているのでシンパシーを感じていました。このラストシーンにはこれまでの軌跡が集約されているようで、リラックマというマイペースなキャラクターが中心にいるコントラストも含めて素敵だなと思いました。

小林　撮影の開始時期にちょうど新型コロナウイルスが流行してクランクインが遅れたり、直接会ってコミュニケーションが取れなかったり、脚本のなかに書かれているような大トラブルがまさに現場でも起こっていましたからね。上田さんの仰る通り、作品が完成したときにはスタッフみんながスズネちゃんたちと自分を重ね合わせていたかもしれません。私も、作品が完成したこと自体が奇跡で、素晴らしいことだと感じています。

監督
小林 雅仁
Masahito Kobayashi

映像ディレクター。CMディレクターとしてキャリアをスタートし、実写や2Dアニメ、コマ撮りアニメなどフィールドを跨いで映像演出を手掛けている。Netflixシリーズ『リラックマとカオルさん』でアニー賞監督賞にノミネート。

脚本
角田 貴志
Takashi Sumita

2004年、第16回公演よりヨーロッパ企画に参加。俳優業の傍らイラストも手掛け、様々な映像作品やグッズ、広告などにイラストやキャラクターデザインを提供。アニメ映画『すみっコぐらし とびだす絵本とひみつのコ』（2019）では脚本を担当。

脚本
上田 誠
Makoto Ueda

ヨーロッパ企画代表。本公演の脚本・演出のほか、外部の舞台や映画・ドラマの脚本、番組の企画構成なども手掛ける。アニメ映画『夜は短し歩けよ乙女』（2017）、映画『ドロステのはてで僕ら』（2020）、アニメ映画『四畳半タイムマシンブルース』（2022）などの脚本を担当。

プロデューサー
伊藤 大樹
Hiroki Ito

2012年ドワーフ入社。プロデューサーとして、テレビアニメ『おそ松さん』シリーズED映像、テレビアニメ『BEASTARS』OP映像、Netflixシリーズ『リラックマとカオルさん』など多数の作品を手掛ける。

Artwork

『リラックマと遊園地』の美術チームによる、
ナカスギランドのスケッチや
CGイラストを一部公開！
ディテールまでこだわりが詰まっています。

▲初期のコンセプトアート

▲パフェタワー周辺のイメージ

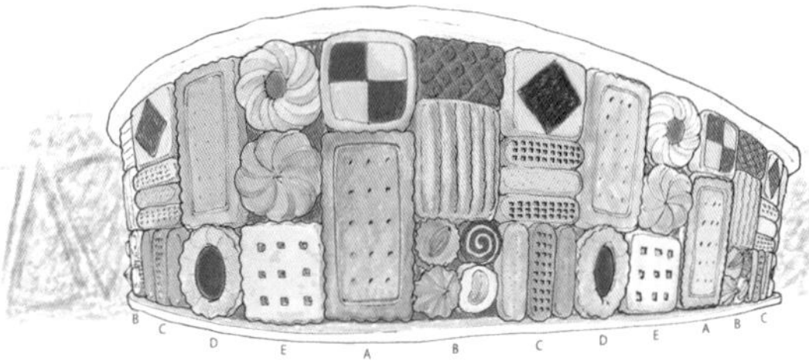

▲秘密の出口の壁面デザイン

エントランスゲートと
事務所の正面イメージ▼

▲ゴーカートの車体デザイン

フィッシュパス
全体図▼

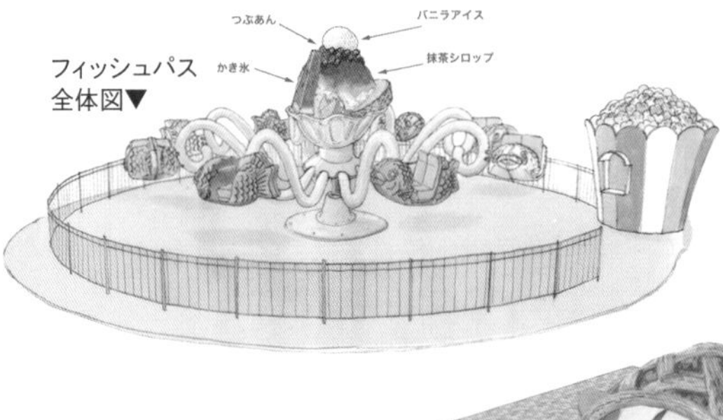

▲循環バスの車体デザイン

ミルフィーユプレイハウスの
3D間取り図▼

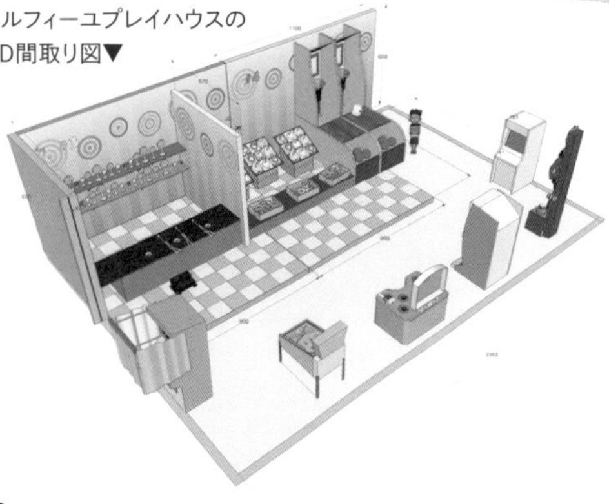

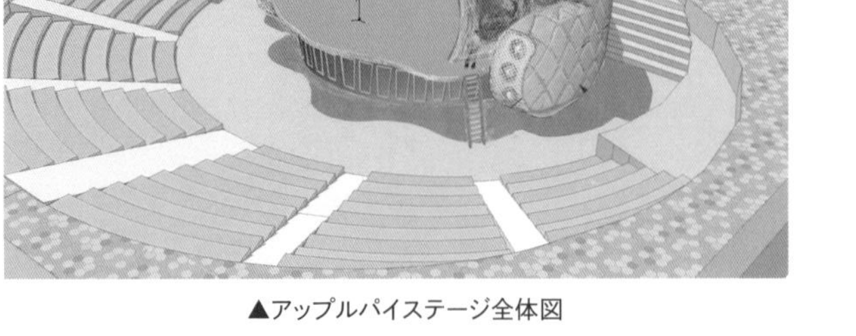

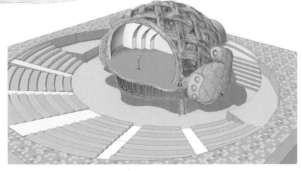

▲アップルパイステージ全体図

Cast Interview

声優

上田 麗奈

（スズネ役）

『リラックマと遊園地』では、スズネの声を演じた上田麗奈さん。収録時のエピソードやスズネというキャラクターの魅力などを語ってもらいました♪

★★★

──本作のオーディションに受かった際のお気持ちを教えてください。

上田 麗奈（以下：上田） あの『リラックマとカオルさん』の続編に参加できる！ と素直にとてもうれしかったです。それと同時に、前作のファンの皆さんにも喜んでいただけるよう、一生懸命取り組もうと気合が入りました。

──動くリラックマたちを初めて見たとき、どう思われましたか？

上田　リラックマはイラストやぬいぐるみではよく見ていたキャラクターでしたが、動いている姿を見て想像以上にのんびりした子だなと（笑）。コリラックマは意外と肝が据わっていたり、キイロイトリは几帳面だったり、それぞれ個性があってとても魅力的で。動くことでキャラクターの解像度が上がり、見れば見るほど愛しさが増しました。

――コマ撮りアニメならではの、収録現場で印象的だったエピソードをお聞きしたいです。

上田　本作では演者の口の動きを人形のアニメーションの参考にするために、プレスコ（※）で、顔を撮影しながらの収録だったんです。普段、収録現場にカメラが入ることはほとんどないので、緊張しましたね（笑）。

――完成した作品をご覧になっていかがでしたか？

上田　人形の口の動きにまったく違和感がなくて、撮影した映像をじっくり見て合わせてくださったんだなと感動しました！ それと、今回はひとりでの収録だったので、完成した映像で初めてほかの演者の方の声を聞いたんです。ひとりで演技しているがゆえに、発声や距離感などほかの方とのバランスにズレがあるのではと気になったりしたのですが、逆にその心もとなさが「頑張りすぎて周りが見えない状態のスズネ」らしさにつながって、プラスに作用したのではと思っています。

――最終話では『ポケットの中』（主題歌）の歌唱シーンもありましたね。歌う際に意識したことはありますか？

上田　アイドルらしい華やかさだけでなく、スズネの温かい人間味みたいなものが伝わるように歌わせてもらいました。スタッフの皆さんも同様のイメージを持たれていたのか、収録した歌は加工しすぎず、生っぽさを残しつつ調整してくださっていて。セリフをしゃべっているかのような素朴な歌声で、スズネらしさを表現できたと思います。一方で、曲自体はパレードの盛り上がりにピッタリのアレンジに仕上がっていて、自分が歌っているとは思えないくらい感動的でした。くるりさんの原曲とはまた違ったよさがあるので、ぜひ注目して聴いていただきたいです！

※プレスコ…プレスコアリング。声の収録を先に行い、あとから絵を声に合わせて制作していく方法。日本のアニメ制作では、映像に合わせてセリフを乗せるアフレコ（アフター・レコーディング）が一般的。

――スズネというキャラクターの魅力や、共感した部分を教えてください。

上田　遊園地に対する愛情が人一倍強く、自分の「好き」という気持ちに真っ直ぐで、素敵なハートを持った女の子ですよね。だからこそ、頑張りすぎてオーバーワークになり、ミスを連発してしまう。スズネはとても優しい子で、普段は周りをよく見て気遣っていると思うんです。私自身も、余裕がなくてやりたいことができなくなることがよくあって。スズネが自分の本心を思い出したときにぽろっと涙をこぼすシーンはリアルで、「わかる…！」と共感しながら見ていました。

――上田さんにも気持ちに余裕がなくなることがあるのですね。スズネはリラックマに出会ったことで乗り越えましたが、上田さんは普段どのように気持ちを切り替えていますか？

上田　前提として、スズネの遊園地に対する愛情と同様に、私は声優という仕事にやりがいを感じているから日々頑張れていると思います。そのうえで、どうしても辛いと感じたときは“寝る”ことに限ります（笑）！　寝て起きると気持ちに少し余裕が生まれるので、意外なところから問題解決のヒントをキャッチすることも。私の場合は、街なかで聞いた誰かの会話や、本に書かれた言葉などに助けられることが多いですね。ただ、悩みってすぐに消えることは少ないので、リラックマののんびりした性格を見習って「何年後かにはできているでしょう…」と長い目で見ることが大切かもしれません。

――スズネにとっての遊園地のように、上田さんにとっての大切な場所はどこですか？

上田　うーん、家ですかね（笑）。心身ともに休みたいときは、家でゆっくり過ごすことが多いです。誰かと出かけるのも楽しいしリフレッシュにはなるのですが、帰宅した途端にドッと疲れてしまうので…。ひとりでスマートフォンを見ながらゴロゴロする時間が一番の息抜きになっている気がします。あとは猫を2匹飼っているので、気持ちよさそうに寝っ転がっている姿などを見るととても癒されますね。

――遊園地というテーマにちなんで、上田さんが遊園地に行ったときの楽しみ方を伺いたいです。

上田　遊園地は友達に誘われて行くことが多いのですが、園内を回るときもわりと友達に合わせちゃいます。ジェットコースターなどの絶叫系も平気ですし、友達が楽しんでいるのを見て、自分も充実感を味わえるタイプですね。ただ、もし自分ひとりで遊びに行くとしたら、アトラクションに乗るよりも景色を見たりご飯を食べたりして過ごしたいかも。リラックマとは気が合いそうです（笑）。

声優
上田 麗奈 Reina Ueda

富山県出身。第5回81オーディション特別賞・小学館賞、第9回声優アワード 新人女優賞受賞。主な出演作品は、『機動戦士ガンダム 閃光のハサウェイ』（ギギ・アンダルシア役）、『わたしの幸せな結婚』（斎森美世役）、『鬼滅の刃』（栗花落カナヲ役）など。

Music

『リラックマと遊園地』主題歌

ポケットの中

歌：くるり　作詞・作曲：岸田 繁

なにかを失うことばかり考えて
なにかを失うことばかりおそれて
きみは　もう　持っているだろう
きみの手は　もう　冷たくないだろう

誰かにやさしくすること考えて
誰かに夢中で　なにより傷ついて
きみは　まだ　気づいてないんだろう
きみは　なぜ　後ろを向くんだろう

思いはずっと　ポケットの中にある
思い出はきっと　同じような場所にある
きみの手がずっと　ポケットの中にある
知らぬ間にずっと　ポケットの中にある

ほんとのことだけ　考えるんだ今日も
ほんとのことだけ　言えるようになりたいな
走れ　犬のように　眠れ　猫のように
息を吸ってまた吐いて
胸いっぱい吸い込んで
生きる

なにかを失うことばかり考えて
なにかを失うことばかりおそれて
きみは　ただただ　生きているんだろう
溢れる気持ちは　ほんとの気持ちだろう
きみは　もう　持っているだろう
きみの　手は　もう冷たくないだろう

思いはずっと　ポケットの中にある
カレンダーがめくれた　季節は変わるけど
思いはずっと　ポケットの中にある
知らぬ間にずっと　ポケットの中にある

音楽・主題歌

岸田 繁

Special Comment

『リラックマと遊園地』の音楽を作るにあたって、子どもたちと若者たち、オジサンたちそれぞれの持ち味を活かすことを心がけました。あとは「知ってるようで知らない世界」への誘いを彩る様々なアプローチを試みつつ、リラックマたちの様子を愛情たっぷり表現してみました。すべてお気に入りの楽曲ですが、特にメインテーマ『リラックマと遊園地』が気に入っています。

オリジナル・サウンドトラックCD
『リラックマと岸田さん
〜リラックマとカオルさん・リラックマと遊園地 オリジナル・サウンドトラック〜』
ビクターエンタテインメント
3,300円　好評発売中

音楽家
岸田 繁 Shigeru Kishida

1976年、京都府生まれ。作曲家。京都精華大学特任准教授。ロックバンド「くるり」のボーカリスト／ギタリストとして、98年シングル「東京」でメジャーデビュー。ソロ名義では映画音楽のほか、管弦楽作品や電子音楽作品なども手がける。

Story

ストーリー

リラックマと遊園地

第1話～第7話のストーリー、場面写真を一挙公開！
閉園間近の遊園地「ナカスギランド」を舞台とした
リラックマたちのドタバタな１日を振り返ります。

＊第8話はP.83～の絵コンテをご覧ください。

Episode 1

トラブルな予感

日が沈んだあとの薄暗い遊園地。
「スズネちゃーん！」
「アイラブユー！」
イベントステージの前にはたくさんのお客さんが集まり、
手拍子をたたいたり、ペンライトを振ったりしてイベントの始まりを待っていた。
「みなさーん！ こんばんはー!!」
スポットライトに照らされたステージの上では、ひとりのアイドルが笑顔で手を振る。

リラックマとコリラックマは、人ごみをかき分けてステージのほうへと向かう。
まわりの人は、少し迷惑そうに振り向く。
最前列にたどり着き、ステージを見上げるリラックマたち。
すると突然。
ガチャーン!!
大きな衝撃音が鳴り響き、辺りは暗闇に飲み込まれる。

呆然と立ち尽くすリラックマ。
コリラックマは、不安そうな表情でリラックマにしがみつく。
明かりの消えた遊園地は、不穏な空気に包まれている…。

これは遊園地に行く前のおはなし。

商店街の福引会場へやってきた、
カオルさんとリラックマ、コリラックマとキイロイトリ。
リラックマが、タブレットに表示されたスロットの福引に挑戦する。
画面を3回タッチ。
ラッキーセブン！ …かと思いきや、そろったのは謎のマーク。
「おめでとうございます！ 特別賞でーす！
ナカスギマークが3つそろいましたので、ナカスギランドの招待券でございます」
タブレットを持ったおばさんが、明るい声で言う。
「なんだぁ、ナカスギランドか…。この辺の人が遠足とかで行く遊園地よ」
あまりうれしくなさそうに、リラックマたちに説明するカオルさん。
「もうじき閉園しちゃうらしいから、その前に行ってみてよ」
そう言って、おばさんは招待券を差し出す。
「え、閉園？ そうなんだ…」

リラックマは、招待券とともに手渡されたスタンプカードに目をやる。
「スタンプラリーをやっていて、全部集めるとスペシャルホットケーキって
いうのがもらえるらしいわよ～」
おばさんの言葉を聞き、スタンプカードをさらに凝視するリラックマ。
頭の中には、豪華なホットケーキに心躍るリラックマの姿があった。

後日。
トキオをさそい、リラックマたちはナカスギランドへやってきた。

「おぉ～！ 早く行こ！」
バスを降りた瞬間からはしゃいでいるトキオ。
そのとき、ピロン♪ とトキオのスマートフォンが鳴る。
「お、カオルさん。コレ…」
【午前中で仕事終了予定。お昼には合流します!!】
「あぁ、ハヤテくん♡」
ハヤテからのメッセージに、カオルさんの表情はパァッと明るくなる。
「お昼には間に合うんだ～。早起きしてお弁当作ってよかったぁ」
働くハヤテの姿を思い浮かべ、にやけるカオルさん。
「ニヤニヤしてないで行くよ！」
トキオはあきれたような表情で急かした。

早く遊園地に入りたいトキオに、コリラックマが何かを訴える。
その手には、家から持ってきたラジコンを抱えている。
「なんだよ、コリラックマ！ 遊園地に来てるのに、ラジコンで遊ぶのかよ」
ラジコンを地面に置き、カオルさんにも必死に訴えるコリラックマ。
「え？ ここで走らせたいの？」
すると突然、コリラックマは慌てた様子で、キョロキョロと辺りを見回した。

コリラックマの上に乗ったキイロイトリは、よろけながら怒っている。
「ラジコンのリモコン、家に忘れてきちゃったみたいだよ」
トキオが代弁し、コリラックマはうなずいた。
それを聞いたリラックマは、カオルさんに何かを伝える。
「あぁ！ それならお弁当のトートバッグに入れたじゃない。だからリモコンはここに…」
カオルさんが自分の肩の辺りに視線を落とすと、そこにかかっていたはずのトートバッグが、ない。
「う、うそ…」
焦るカオルさん。
リラックマは、自分は知らないと首を横に振る。
「私、家に置いてきた？ いやいや、バスに乗ってるときはあったもんね。てことは…」
「バスの中じゃないの？」
「あ～～っ！」

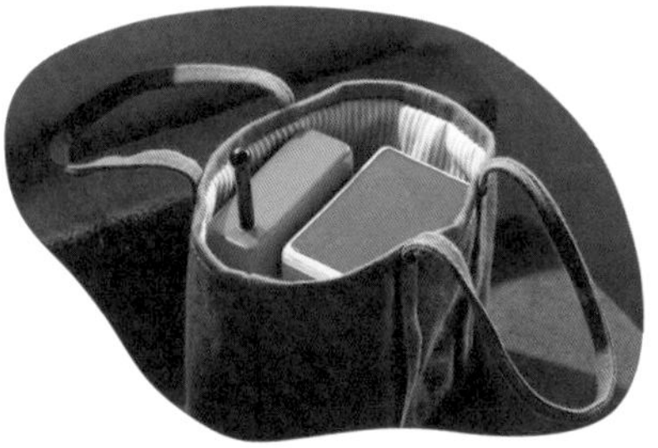

リモコンとお弁当が入ったトートバッグは、バスに揺られていた。
「どうしよう。追いかける？」
カオルさんの提案に対し、それは無理だと訴えるキイロイトリと、ため息をつくリラックマ。
「ナカスギランドの巡回バス、次戻ってくるのは45分後だ…。
トキオくんたちは先に行って遊んでおいて。私はバスが帰ってくるのを待っておくからさ」
カオルさんはショルダーバッグから招待券を取り出し、リラックマに渡した。
「え…いいの!?」
戸惑いながらも、早く遊びたいトキオはうれしそうな表情を浮かべる。
「いいわよ。お昼になったら、あのパフェの建物で待ち合わせしましょう」
カオルさんは、遊園地の真ん中に建つパフェタワーを指さした。
「あそこね、わかった。よし、行こう！ リラックマ」
トキオが声をかけるが、リラックマは招待券をじっと見つめ、何やら躊躇している。
「どうしたの、リラックマ。もしかして私と一緒に待ってくれようとしてる？ やさしいところあるじゃな〜い」
リラックマの頭をポンポンとたたくカオルさん。
しかし、リラックマが気にしているのは、カオルさんのことではなくて…。
「あぁ…もしかして、コレ？」
カオルさんがスタンプカードを渡すと、リラックマは大きくうなずいた。
「お、スタンプラリー？ 全部集めると、スペシャルホットケーキがもらえるんだ！」
トキオがスタンプカードをのぞきながら言う。
リラックマとキイロイトリはそうそう！ とうなずき、さっそく遊園地のほうへと歩き出した。
「これ結構回らなきゃじゃん。最後パレードだし」
トキオの言葉をよそに、リラックマは立ち止まって空を見上げる。
そこには、リラックマが思い浮かべたスペシャルホットケーキが。
「早く行こうぜ！ カオルさん、またあとで！」
リラックマとキイロイトリとトキオは、遊園地に向かって再び歩き出した。

残されたカオルさんと、その隣に佇むコリラックマ。
「はぁ…」
カオルさんはため息をつく。
「コリラックマ、あんたは残ってくれるの？」
コリラックマはラジコンを手に持ちながら、何かを訴える。
「リモコンの心配？ あぁ、それはすいません」
カオルさんは髪を触りながら、再びため息をついた。

ここは入場ゲート。
係員の案内でお客さんが園内に入っていく。
「次の方～。ん？」
係員の視線の先には、キリッと手を挙げるキイロイトリ。
そして、招待券を掲げるリラックマと、笑顔のトキオも。
「ど、どうぞ。いってらっしゃいませ…」
不思議そうな表情を浮かべながらも、係員は3人を送り出す。
入場ゲートを抜けると、スイーツをモチーフにした園内が見えてきた。
「おぉ～！」
おいしそうにデコレーションされた建物を見て、声を上げるリラックマとトキオ。
キイロイトリも楽しそうに足を弾ませている。

「うわぁ！」
驚くトキオ。
突然、目の前に現れたピエロが、口から"WELCOME"と書かれた旗を出す。
リラックマとキイロイトリも驚いた顔で見つめる。
続いて、ピエロはバルーンを膨らまし、キュッキュッとひねって何かを作ってくれるみたい。
「何なに？」
トキオとリラックマは興味津々。

ところが次の瞬間、ふと目の前を通りがかった係員の女性に気を取られ、ピエロはうっかりバルーンを割ってしまう。
パンッ！
破裂音に驚く3人。
リラックマは尻もちをつく。
「わぁ！ なんだよもう…」
トキオが怒ると、ピエロは申し訳なさそうにその場をあとにした。
「変なピエロだなぁ」

――気を取り直して、スタンプを集めることに。
キイロイトリはリラックマの頭に飛び乗り、リラックマもよいしょと立ち上がる。
「最初はあれだな。あれ行こう、リラックマ！」
3人が向かったのは、オクトパス型のアトラクション。
ゴンドラはたい焼きモチーフになっている。
「次の方どうぞ～」
リラックマたちの順番が回ってきた。
トキオ、キイロイトリに続き、ゴンドラに乗り込もうとするリラックマ。
ところが、重量オーバーだったのか、ゴンドラはガコンと大きな音を立てて傾いてしまう。
その様子を見ていた操作室の係員は、
両手でバツの合図を送る。
「あ～、ごめんね。クマさんはひとりで後ろのに乗ろっか」
リラックマは別の係員に連れられ、ひとつ後ろのゴンドラに乗ることに。
しかし…、ガコン。
またしてもゴンドラは傾いてしまう。
係員は苦笑い。
「クマでっけぇ」
近くで見ていた子どもたちにも笑われ、リラックマは肩を落とす。

「おまたせ～、リラックマ。スタンプ押してもらったぞ」
アトラクションには乗れなかったが、ひとつ目のスタンプをゲットしてうれしそうなリラックマ。
次のアトラクションに向かうため3人が歩き出すと、キイロイトリが何かを指さす。
目線の先には、猛スピードで回転するジェットコースター。絶叫する声も聞こえてくる。
「次はあれか。す、すげぇ…」
たじろぐトキオ。
キイロイトリもガタガタと震えている。

「リラックマ…どうする？」
トキオが不安そうに聞くと、リラックマはスタンプカードを手に取り、先陣を切って歩き出す。
「そりゃ、そうだよな。い、行こうぜ」
トキオは強がりながらも、キイロイトリと一緒にリラックマのあとに続いた。

3人はジェットコースター“カシワモチジェット”に到着。
しかし、ここでまたしてもトラブルが…。
ガコン！ ガコン！
リラックマの頭が大きすぎて、安全バーが下がらない。
「リラックマ、引っかかってるぞ？」
トキオが声をかけると、リラックマは顔を曇らせる。

「リラックマのぶんも楽しんでくるね～」
地上からコースターを見上げるリラックマに向かい、トキオは大きく手を振った。

ひとりで立ち尽くすリラックマ。
「ちょっとちょっと！ ダメダメ、君はここじゃないよ」
いきなり声をかけてきたのは…園長？
「朝礼で言ったじゃん。着ぐるみ班はあっちだから」
どうやら遊園地の着ぐるみと間違われているみたい。
リラックマは不思議そうな表情を浮かべながらも、
園長とともにその場を離れてしまう。

リラックマが連れてこられたのは広場。
「まだまだたくさんビラはあるからね～。配り終えたらまたバックヤードに取りに行ってちょうだいよ」
ドサッと置かれたチラシの束。リラックマはどうしたらいいかわからず、チラシを1枚手に取り困惑する。
「早く配らないと夜になっちゃうからね！」
そんなリラックマを残し、立ち去る園長。
チラシには【ナカスギランド公認アイドル・スズネライブイベント】という文字と、“スズネ”の写真が載っている。

「あの、それ1枚もらっていいですか？」
途方に暮れるリラックマに、
お客さんが声をかけてきた。
リラックマは手に持っていたチラシを渡す。
「僕もください」
「私も～」
「くださーい！」
スズネのファンらしきお客さんが続々と集まってきて、チラシはみるみるうちにはけていく。

「こっちのほうだよな？」
「えぇ、確かそうだと思うけど…」
１組の夫婦が、広場を通りがかる。
リラックマの背後には、その夫婦を避けるように、コソコソと隠れるひとりの女の子がいた。
「エミリ！」
「エミリどこ行ったんだよ」
夫婦は辺りを見回しながら、“エミリ”という名前を呼んでいる。

「あれ～？ リラックマ、どこ行った？」
ジェットコースターから降りたトキオとキイロイトリは、リラックマがいなくなっていることに気づく。
その近くには、右手に工具箱、左手にスコップを持った怪しげな人影が…。

そのころ、最後の1枚を配り終え、達成感でいっぱいのリラックマ。
大きく伸びをしたそのとき、突然グイッとしっぽをつかまれる。
「…動かないで。ちょっと一緒に来てくれる？」
リラックマの背後には、“エミリ”がアイスクリーム型の銃を突き付けて立っていた。

to be continued …

Episode 2

エミリとゲームバトル

「はぁ…リラックマたち、今ごろ何して遊んでるのかしらねぇ」
バス停のベンチに座り、パフェタワーのほうを見ながらため息をつくカオルさん。
ナカスギランドで遊ぶ人々の声が、遠くから聞こえてくる。

そのころリラックマは、エミリに誘われて携帯ゲームで遊んでいた。

ゲームの世界のリラックマは、バトルスーツに身を包み、エイリアンに追いかけられている。
必死に逃げるものの、途中で転んでしまうリラックマ。
急接近するエイリアンを前に、もはやこれまでか…と目を閉じた瞬間。
キュン！ キュン！ キュン！ とビームの音が響く。
リラックマが恐る恐る目を開けると、そこには丸焦げになったエイリアンが。

「クマ！ 大丈夫!?」
空高くからエミリが下りてきて、きれいに着地を決める。
呆然として、目をパチクリさせるリラックマ。
「次が来るよ！ クマも撃って！」
エイリアンに立ち向かうエミリに続き、リラックマはぎこちなく銃を構える。

ビーッ！ ビーッ！ ビーッ！
エイリアンが接近していることを知らせるアラートが鳴る。
ところが、ゲームの操作をミスしているのか、何度も装備が解除され、画面に向かって突進するリラックマ。
おかしな動きをしているリラックマに代わり、エミリがエイリアンにビームを撃つ。
「ちょっとクマ、ヘタすぎ!!」

すると突然、地面が揺れ始める。
ゴゴゴゴゴゴ…。
大きな地響きとともに登場したのは、エイリアンのボス。
リラックマはゴクリと唾を飲み込んだ。

「リラックマのやつ、どこ行っちゃったんだよ～」
リラックマをさがす、トキオとキイロイトリ。
「…クマの着ぐるみがいた広場まで戻る？」
２人は近くにいたお客さんの会話を耳にし、
その人たちを目で追う。
「今の聞いた？ クマの着ぐるみって…」
トキオの問いかけに、キイロイトリはうなずいた。

リラックマとエミリは、エイリアンのボスとのバトルを続けている。
余裕な様子でボスに挑むエミリ。
一方リラックマは、ボスに背を向け、またしても必死に逃げ回っている。
次の瞬間、逃げるリラックマに、エイリアンの触手が伸びる。
「クマ！ 後ろ！」
エミリが無線で伝えると、リラックマは渾身のジャンプで触手を避け、ゴロゴロと回転して距離をとる。
何とか逃げられた…と安堵するリラックマに、背後から別のエイリアンが近づく。
「クマーッ！！！」

現実の世界では、リラックマがベンチから落ちてひっくり返っていた。
【GAME OVER】
「せっかくボスまでたどり着いたのに～」
エミリが言うと、申し訳なさそうに頭をかくリラックマ。
「ほら、こうやって狙うんだよ」
エミリは、慣れた手つきで再びゲームをプレイする。
【MISSION COMPLETE】
リラックマは、すごい！ とエミリをたたえる。
「このくらい楽勝だし。これでも、一応プロを目指してるんだから」
得意げなエミリ。
「でもね…」
リラックマは、不思議そうにエミリを見つめる。
「…でも、クマがいてちょうどよかった！ 子どもがひとりでいると迷子だと思われちゃうしね」
エミリはカラッと表情を変えて言った。

エミリの言葉を聞き、トキオとキイロイトリの姿を思い浮かべるリラックマ。
ハッとした表情で立ち上がり、どこかに向かって歩き出す。
「どこ行くの？ 誰か待ってるの？」
エミリが問いかけると、リラックマはクルッと振り返ってうなずく。
「どうしても行くって言うのなら…」
リラックマに向かって、アイスクリーム型の銃を構えるエミリ。
リラックマは驚き、後ずさりする。

次の瞬間、銃が発光し、ピロピロピロ♪ と音が鳴った。
ビームを撃たれたと思い、ガクリとうなだれるリラックマ。
「ははは、ウソウソ！ これおもちゃだから」
エミリは笑いながら、再び銃を鳴らす。
「別に行きたいなら行ってもいいけどさぁ。
まだいてくれるなら、これあげるけど？」
そう言うと、エミリはバッグをひっくり返し、
たくさんのお菓子を広げる。
お菓子を見つめ、ゴクリと唾を飲み込むリラックマ。
そのとき、リラックマの背後から、キイロイトリが叫びながら飛び出してきた。

場所は変わって、先ほどの夫婦—エミリの両親は、
インフォメーションセンターの前に来ていた。
窓口に声をかけるも、係員は不在。
父親が母親に聞く。
「スマホにはかけたんだろ？」
「何度かけても出ないのよ。またどっかでゲームでもしてるのかな…」
「だからゲームなんか置いてこさせろって言ったじゃん」
「ちゃんと家を出るときに言ったよ」
「でも持ってきてるだろ」
「じゃあ、あなたが注意してよ」
父親は言い返すことができず、背中を丸める。
「…い、言うよ」

エミリとリラックマのもとにトキオとキイロイトリが合流し、4人は並んでベンチに座った。
「へ～、リラックマっていうんだ」
エミリはゲームを続けながら言う。
「俺がトキオで、こいつがキイロイトリ！」
キイロイトリは手を挙げてアピールする。
「私はエミリ」
エミリはゲーム画面から目を離さずに言った。
「エミリか…。てか、エミリ。ずっとゲームしてるな！」
トキオは立ち上がり、ゲーム画面をのぞき込む。
「あ、コレ！ 俺もやってる！ めっちゃうまいよ？」
得意げなトキオに対し、エミリはそっけなく返事をする。
「あっそ」
軽くあしらわれ、ムッとした表情のトキオ。
スマートフォンを取り出し、ゲームのステータス画面を見せつける。
「ゴールドランクだし！」

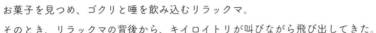

「ふふ」
エミリは顔を上げることなく、鼻で笑う。
「あー、笑ったな！ 勝負しろよ、レースモードだったら負けないからな！」
トキオはエミリに勝負を仕掛けた。
「無理だよ。私とまともにやっても勝てないよ」
ちょうどゲームをクリアしたエミリは、トキオを見て言う。
「やってみなくちゃわからないだろ!?」
「じゃあ、ハンデあげるよ。私はリラックマとタッグで交代で走るから」
「バカにしやがって～！」
巻き込まれたリラックマは、不安そうにエミリを見る。

２人が対戦するのはレーシングゲーム。
試合はオンラインで公開され、視聴者のコメントで溢れている。
【3・2・1…START！】
「行くぞ！」
スタートダッシュを決めるトキオ。
ところが、エミリとリラックマが乗ったバイクに、一瞬で追い抜かれてしまう。
「くそッ！ なかなかやるな、エミリ！」
トキオは負けじと加速させる。
「そりゃそうよ。こっちはプロ目指してるんだから！」
エミリはリラックマにゲーム機を渡す。
「はい、リラックマ！ 交代！」
気合を入れ、ゲーム機を握りしめるリラックマ。
「ここから障害物が出てくるからね！」

エミリの忠告通り、岩が落ちてくるエリアに突入。
トキオは、落下してくる岩を華麗に避けながら進む。
「リラックマには負けないよ！」
リラックマが障害物に手こずっている隙に追い越し、ひと足先に岩石エリアを抜けるトキオ。
「ちょっと、しっかりしなよ！」
ヨロヨロと運転するリラックマに、後ろに乗ったエミリが喝を入れる。

「じゃあな〜、リラックマ〜！」
トキオは余裕の表情でトンネルに入るが、その先には驚きの光景が。
急ブレーキをかけ、横滑りしながら止まるトキオ。
「えー！ こんなの無理じゃん！」
なんと、コースが崩落して崖になっていた！
あとを追うリラックマも、崖に気づいてアクセルを緩める。
すると、エミリがリラックマの手をつかんで言った。
「止まっちゃダメ！」

アクセル全開で崖に向かっていくエミリ。
リラックマは恐怖でアワアワしている。
「リラックマ！ 今だ！」
エミリがハンドルを右に切ると、バイクはトンネルの壁に設置された加速ボードに乗り、高速回転しながら崖を飛び越える。
「ハイパートルネード！」

エミリの大技に、視聴者たちも湧き立つ。
崖を飛び越えた2人は、トンネルを抜けてそのままフィニッシュ！
【WINNER　TAZMAKI&RILA】
トキオはハッとした表情でエミリを見る。
「TAZMAKIって…。なぁ、エミリ！ お前ってもしかしてあのTAZMAKIか!?」
誰？ と不思議そうな顔をしているキイロイトリに、トキオは自慢げに説明する。
「ゲームの世界じゃ、めっちゃ有名人なんだぜ！」
エミリは照れくさそうに笑った。

一方、インフォメーションセンターの前で途方に暮れるエミリの両親は、そんなエミリの将来を案じていた。
「小さいうちからスポーツとかさせたほうがいいんだって…。なんか習い事やらせようよ」
「でもあのコ、スポーツより、ゲームとかパソコンのほうが好きじゃない」
「ゲームなんかやってても、将来食べていけないだろ」
「本人はそのつもりみたいよ。もうすぐ大きい大会にも出場するって」
「だから、ここのところずっとゲーム機を離さないのか！」
「話しかけても聞いてなかったり、しょっちゅうよ！」
「誰に似たんだか…」
2人はため息をついた。

売店でジュースを買い、ひと息つくリラックマたち。
「え!? これって世界大会じゃん」
トキオはエミリのゲーム画面を見て驚く。
「この夏、この大会にシードで出場するんだ！ 優勝できればプロになれるし」
「すげぇ…。ていうか、相手がTAZMAKIじゃ勝てるわけないや。その大会でも優勝狙えるんじゃね？」
キイロイトリも賛同する。

「優勝できてもね…。お父さんがね、反対してるんだ。ゲームをやること、eスポーツ選手も」
エミリの顔が曇る。
「えぇ、なんでだよ!? もったいねぇ～。なぁ、リラックマ？」
トキオに同意を求められるも、リラックマはグッタリしていてそれどころではない様子。
「リラックマ、さっきのゲームで酔っちゃったんだね」
エミリがリラックマの背中をさする。
「だらしがないぞ、リラックマ！ よし、あれで特訓しよう！」
そう言って、トキオが指さしたのはコーヒーカップ。
クルクルと回るコーヒーカップを見て、リラックマは呆然とする。
「エミリも一緒に遊ぼうぜ！ いいだろ？」
一緒にスタンプを集めようと、
キイロイトリもスタンプカードを掲げている。
トキオたちの誘いに、エミリは笑顔を浮かべた。
「うん！」

「アイドルねぇ。ゲームよりまだ可能性あるかなぁ…？」
インフォメーションセンターに貼られたスズネのポスターを見て、エミリの父親がつぶやく。
そのとき、ようやく係員が戻ってきた。
「お待たせして大変申し訳ございません！だんご屋さんのほうの人手が足りなくて…」
エミリの両親は、状況がわからず顔を見合わせる。
「いえ、なんでもないんです…。あの、どうされました？」
係員は焦った様子で尋ねる。

「迷子の女の子ってここに来てないですか？」
エミリの母親がそう伝えると、係員はパソコンで調べ始める。
「今日はまだ、迷子のお子さんは来られていないですね」
「そうですか…」
エミリの両親は困った表情を浮かべた。

リラックマたちは、コーヒーカップに乗り込んでいた。
「まだまだ——ッ！」
楽しそうなトキオとエミリに対し、あまりの高速回転に驚くキイロイトリと、
またしてもグッタリしているリラックマ。
「リラックマ！ そんなんじゃ、ゲームもうまくならないよ!?
それ、ハイパートルネ——ドッ!!」
そう言って、エミリはさらにハンドルを回す。
リラックマは、もうやめて〜！ と苦しそうな叫びを上げた。

そのころ、カオルさんとコリラックマが待つバス停には、トートバッグを載せたバスが戻ってきていた。
お客さんを見送る運転手を横目に、2人はコソコソとバスに乗り込む。
トートバッグを手に取り、ホッとした表情のカオルさん。
「お弁当とリモコン、見つかってよかったね。急いでリラックマたちと合流しましょ！」
ところが、遊園地に向かおうとしたそのとき。
「あのー、お客さん。それ、勝手に持っていかれると困るんですが」
バスの運転手が声をかけてきた。
「いや…あの、忘れ物なんです！ さっき置いてきちゃって」
疑われているのかと思い、カオルさんは焦った様子で答えるが、運転手は構わずに話し続ける。

「ちょっと事務所まで来てもらえますか？」
「本当ですよ!? ほ、ほら。これ見て！ 今朝作ったんです！」
カオルさんはスマートフォンを取り出し、お弁当の写真を見せた。
コリラックマも、そうだそうだ！ とうなずく。
「ふむ…おいしそうですね」
「ありがとうございます」
「じゃ、事務所行きましょう」
「えぇ？ でもおいしそうって…」
「それとこれとは別ですから」

抵抗むなしく、遊園地の事務所へと連れてこられたカオルさんとコリラックマ。
窓口の事務員が、1枚の紙をスーッと差し出す。
「すみませんね。園の決まりで、拾得物受け取り証明書にサインしていただくことになってるんです」
「そういうことですか…」
疑われていると勘違いしたカオルさんは、恥ずかしそうに髪を触った。
コリラックマは、ラジコンを走らせて遊んでいる。
「ここに今日の日付とお名前、ご住所、こちらにお品物の…」
カオルさんが事務員の説明を受けていると、
その様子を見ていた運転手が突然声を上げる。
「いててっ」
運転手の足には、コリラックマのラジコンがコツコツと当たっている。
「こら、コリラックマ！ すみません…」
コリラックマを叱り、申し訳なさそうに謝るカオルさん。
ふと時計に目をやると、間もなく11時をむかえようとしていた。

一方、リラックマたちの乗ったコーヒーカップは、まだまだ回り続けていた。
苦しそうな表情を浮かべながらも、なんとか耐えているリラックマ。
「それそれー！」
ハンドルをビュンビュンと回すトキオ。
その弾みで、キイロイトリのポシェットから、スタンプカードが飛び出してしまう。
コーヒーカップにへばりつきながらも、ヒラヒラと宙を舞うスタンプカードに気づき、リラックマはハッとする。

コーヒーカップが終わり、一目散にスタンプカードを拾いに行くキイロイトリ。
トキオとエミリは、フラフラで歩けないリラックマを介抱している。
スタンプカードはあるアトラクションの座席にはらりと落ち、
キイロイトリもその座席に飛び乗る。
ようやくスタンプカードを拾い上げ、うれしそうに飛び跳ねるキイロイトリ。
ところが次の瞬間。
発進ブザーが鳴り、座席の安全バーがガチャンと降ろされる。
キイロイトリが乗っていたのは、なんとタワー型の絶叫マシン！

機体は急上昇し、その勢いでキイロイトリは宙に放り出されてしまう。
「あのコ、飛べるんだ！」
「いや、たしか飛べなかったような…」
リラックマとトキオとエミリは、呑気に空を見上げていた。

to be continued …

Episode 3

永治とジャングルツアー

「はい、書けました」
カオルさんは、窓口の事務員に拾得物受け取り証明書を渡す。
「じゃあ、こちらの従業員出入り口から入園してください。近道なのでどうぞ」
出口を案内する事務員。
カオルさんとリラックマは、その後ろをついていく。
薄暗い通路には、ミイラやがい骨、雪男の人形などが置かれている。
事務所裏の扉から園内へ出た2人は、リラックマたちに合流しようと歩き出した。

カオルさんとリラックマが入園したころ、リラックマとトキオとエミリは、キイロイトリが飛ばされていった園内のジャングルエリアへと向かっていた。
幸いにも木の上に落ちたキイロイトリは、ポシェットのひもが枝に引っかかり、宙ぶらりんの状態に。
「おーい、キイロイトリ！ 大丈夫かー!?」
ジャングルの河岸に到着し、手を振るトキオ。
キイロイトリを助けようとしたそのとき、リラックマが1艘のボートを見つける。
「あぁ、あれね。でも…ここ立入禁止じゃね？」
躊躇するトキオをよそに、ヒョイッと立入禁止の柵を飛び越えるエミリ。
リラックマも、柵を倒しながら進んでいく。
「もう…どうなっても知らないからな！」
トキオは、エミリとリラックマに続いた。

エミリとトキオがボートに乗り込むなか、足の短いリラックマは桟橋の上でモタモタしている。
「リラックマ！ 早く！」
2人に引っ張ってもらい、転がり落ちるように乗り込むリラックマ。
「リラックマがいなかったら漕ぐ人いないもんね」
リラックマはよいしょと起き上がり、エミリの言葉に目を細めた。

リラックマたちはボートに乗り、キイロイトリのいる中洲にやってきた。
「左・左・左！」「右・右・右！ あ〜…」
エミリが指示するも、リラックマはボートの操縦に苦戦し、なかなかキイロイトリの近くに行けない。
もたもたしているリラックマに、キイロイトリはイライラしている。

ようやくキイロイトリのもとにたどり着き、なんとか救出に成功。

ホッとしたのもつかの間、リラックマたちは何やらボートが揺れていることに気づく。

「リラックマ、揺らしてる？」

リラックマを疑うエミリ。

すると突然、ボートの近くの水面がせり上がり、大きな生き物が顔を出した。

これは…ワニ!?

大きな口を開けて首を振るワニに、怯えるリラックマたち。

「リラックマ！ ボートを漕いで、早く逃げて!!」

エミリがリラックマにそう伝えるものの、

1本のオールが水の勢いに飲み込まれ、消えてしまう。

ワニが水中に潜ると、大きな水しぶきが上がり、

リラックマたちもびしょ濡れに。

すると、今度は別の場所で水面がせり上がる。

「また出た！」

エミリの視線の先には、再び大きなワニが。

「誰かー！ 助けてよー！」

トキオは慌ててスマートフォンを取り出すが、浸水していて動かない。

あまりの恐怖に、リラックマとキイロイトリはぎゅっと目を閉じる。

「おーい！ 鼻を狙えー！」

リラックマたちが声のするほうを見ると、小さな海賊船に乗り、リラックマたちに向かって叫ぶ作業服の男性がいた。

園のスタッフ、“永治”である。

「ワニの鼻をオールで突っつけー！」

永治は続けて言う。

エミリは残った1本のオールを、リラックマに差し出す。

「また来るよ！」

トキオが叫ぶと、リラックマとエミリはオールをスタンバイする。

「今だ！ せーの」

リラックマがワニの鼻をオールで突くと、

ワニの動きがピタリと止まった。

「た、助かった…」

思わず腰を抜かすトキオ。

「てか、このワニって…」

エミリは何かに気づいた様子でつぶやいた。

リラックマたちは、永治の乗る船に移動し、その場をあとにした。
エミリは永治の胸についたネームプレートに目をやる。
「メカニック？」
「そうだ。アトラクションのメンテナンスやら修理やらが俺の仕事だよ。
ほかにも、この園にある機械のことは何でもやるよ」
「じゃ、さっきのワニって…！」
興味深々のエミリに対し、隣にいるトキオはキョトンとした顔をしている。
「あれも機械仕掛けの人形だよ。鼻の頭に緊急停止スイッチがあったってわけだ」
エミリの様子を見て、うれしそうな表情を浮かべる永治。
リラックマとキイロイトリは、なるほど～と顔を見合わせる。
「俺はわかってたけどな～」
知ったかぶりをして強がるトキオに、疑いの目を向けるリラックマとキイロイトリ。
永治の笑い声がジャングルに響く。
「本物のワニに見えたってことは、あいつもまだまだ現役で通用するってことだなぁ」
「だから俺は機械ってわかってたって…」
「はいはい」
トキオが反論する横で、エミリはあきれたように言った。

永治の船は、ジャングルの奥へと進んでいく。
「この辺りは昔、“ナカスギ・ジャングルツアー”っちゅうアトラクションでね。
今はもう閉鎖になっちゃったけど、まだそこら中に動物の機械人形が仕込まれているんだ」
「今もまだ動くの？」
エミリはワクワクした表情で、永治に問いかける。
「あぁ…もちろん。いつまた動かすかもわからんし、そうでなくても、何かの役に立つかもしれないし。
だから手入れは欠かしてないよ。
さっきもメンテナンス中であのワニを動かしてたら、お前さんたちの声が聞こえてきてね」
ボートには、油まみれの工具と工具箱が積まれていた。

「トキオ、うるさかったもんねー」
「いや、エミリもだろ!?」
言い合いになるトキオとエミリ。
リラックマとキイロイトリも、
トキオのほうがうるさかったとクスクス笑っている。
「なんだよ、リラックマまで!?」
トキオは膨れているが、船内は笑顔で溢れ、
永治もうれしそうにみんなを見る。

「ずいぶん楽しんでくれたようだな」
「うん！ 私、このジャングル気に入った！」
エミリは前のめりに答える。
「ほう、じゃあどうせなら、もうちょっと楽しんでいってもらおうかな？」
「やったー！」
永治の提案に、トキオとエミリは声をそろえて喜んだ。

ボートは“ナカスギ・ジャングルツアー”と書かれた木製のアーチをくぐり、
うっそうと生い茂った草をかき分けて進む。
「ここからスタートだぞ」
永治がそう言うと、川幅が急に狭くなる。

まず目に入ってきたのは、頭上を行き交う
ワオキツネザルや南国の大きな鳥。
「ワイヤーを張って走らせてるんだ！
あっ、木の上のところにギアがある！ おもしろーい!!」
エミリは仕掛けに夢中になっている。
「お嬢ちゃん、テンションが上がってるね。ああいうカラクリが好きなのかい？」
「うん、大好き！ あっちの仕掛けが動いたら、連動してこっちも動くとかさ…超おもしろい！
なんていうか…プログラミングと似てる気がする」
永治の問いかけに、目をキラキラさせ、とびきりの笑顔で答えるエミリ。

「おぉ、プログラミングねぇ。自分でもやるの？」
「まぁね。自分でゲームを作ったりもするよ」
「えっ！ 遊ぶだけじゃないんだ」
トキオは驚いた様子でエミリを見る。
「まだ小学生だろう？」
エミリの才能に感心する永治。
「今どきフツーじゃない？」
「お、おう！」
平然と答えるエミリに少し気後れしながらも、トキオは同意した。

木の上に寝そべるジャガーや、草むらでドラミングするゴリラがいるエリアを通り、
ボートはさらにジャングルの奥へと進む。
すると、ボートの先頭に立っていたキイロイトリに再び災難が…。

ポシェットのひもが木の枝に引っかかり、木がしなった反動で
キイロイトリはどこかへ飛ばされてしまう。
その様子を唯一見ていたリラックマ。
キイロイトリを助けようと、通りがかりにあったツタを握り、
ボートから川岸に転がり落ちる。
「リラックマ、何してんだよ！」
「ちょっとどこ行くの!?」
リラックマが落ちた音を聞き、トキオとエミリが振り返る。
ゆっくりと立ち上がり、キイロイトリを助けに行くと、
ジャングルの奥を指すリラックマ。
「おーい、気をつけろよぉ。ゴールゲートのとこで待ってろー！」
永治は叫んだが、すでにリラックマの姿は見えなくなっていた。

一方、カオルさんとコリラックマはパフェタワーに向かっていた。
「ちょっと、コリラックマ。ラジコンはあとで遊びなよ。
聞いてるの？」
カオルさんはあきれた表情で言うが、
コリラックマは歩きながら夢中でラジコンを走らせている。
【園内のお客様に迷子のご案内をいたします。
ニット帽に、紫のバッグのエミリちゃん。ご両親がさがしておられます。見かけた方、心当たりの方は、インフォメーションセンターまでお願いします】
園内にアナウンスが流れる。

アナウンスの声を聴き、広場でパフォーマンスをしていたピエロは手を止める。
「ピエロー、なんかやってよ！」
「聞いてんのかよー」
そんな子どもたちの声も聞こえない様子で、大きなため息をつくピエロ。
「つまんないなー。もう行こ！」
「あっちでこれで遊ぼーぜー」
子どもたちは、ピエロのシガーボックスを持って走り去っていった。

リラックマはキイロイトリをさがすため、生い茂る草をかき分ける。
気分はまるで探検隊♪
双眼鏡をのぞくと、華やかな羽を広げたクジャク、大きな耳を持つかわいらしいフェネックを発見！
さらに、鋭い眼光でこちらを睨むライオンも…。
そんな妄想をして、ブルブルと震えるリラックマ。
そのとき、近くで助けを求めるキイロイトリの声が。
リラックマが顔を上げると、キイロイトリはまたしても木の枝に引っかかり、バタバタと暴れている。
キイロイトリのもとへ行き、手を伸ばすリラックマ。
助けるのかと思いきや、ポシェットからスタンプカードを抜き取り、ホッとした表情を浮かべる。
早く助けて～！ と怒るキイロイトリ。
ようやく救出し終えたとき、リラックマはふと何かの気配を感じた。
藪の中でギラリと光る大きな目。
「ガーーー！」
突然、ティラノサウルスが目の前に姿を現し、大きく首を振る。
リラックマはあまりの恐怖で腰を抜かし、倒れ込んだ。

「そろそろ終着地点だ」
「えー、もう終わり？」
「ふふふ…。最後まで気を抜くなよ？」
残念そうなトキオに、永治はニヤリと笑って言う。
すると、藪から大きなティラノサウルスが顔を出した。
迫力満点のティラノサウルスに、大興奮のエミリとトキオ。
「こいつは俺の師匠との力作だ！」
永治は自信満々に言う。
ちょうどそのとき、ティラノサウルスから逃げるように、リラックマが藪から飛び出してきた。
キイロイトリを脇に抱え、パニック状態で右往左往している。
「落ち着けリラックマ！ 機械だよ！ 作り物！」
トキオの呼びかけで落ち着きを取り戻し、ティラノサウルスを見上げるリラックマ。

「でもそれだけリアルだったってことだよ」
エミリが言う。
「そう思ってくれたら、メンテナンスしてきた甲斐があるってもんだよ。
昔はなぁ、このアトラクションもお前さんたちみたいに楽しんでくれる子どもでいっぱいだったんだ…」
永治は、懐かしい思い出を振り返った。

30年前。
たくさんの子どもたちが、楽しそうにジャングルツアーを体験している。
その様子を木陰から見守るのは、若かりし永治と、師匠の“斗升”。
斗升が永治の肩を抱き、2人で喜びの表情を浮かべた。

しかし、ほかのアトラクションがオープンするにつれ、
ジャングルツアーは徐々に飽きられていく。
「また故障だ。同じ部品もうないんだよなぁ」
ティラノサウルスの目を開け閉めし、ネジを回す永治。
「どうだ、永治。明日までになんとかなりそうか？」
「斗升さん、ダメですね…」
「そうか、だったら…」
斗升は電球を取り出し、ティラノサウルスの目に入れる。
電球はピカッと強い光を放つ。
「おぉ、目が光った！ 前より迫力が出ましたよ！」
「少しくらいのトラブルなら、そいつを利用して楽しむくらいでなくっちゃな」
「これでまた、人気が出たらいいですね」
「明日から長蛇の列だよ」
斗升は高らかに笑った。

結局人気は戻らず、ジャングルツアーは園のリニューアルのタイミングで閉鎖をむかえることに。
「そんなに落ち込むな。こいつもなんかのきっかけだと思って、
ほかに楽しいことを考えろよ？
また何かの役に立つかもしれないから、
メンテナンスだけは欠かすなよ」

無言で立ち尽くす永治を励まし、工具箱を渡す斗升。
「ほら、例の地下迷宮もあるし、あとは任せたぞ」
永治はその約束を守り、今もメンテナンスを続けているのだった。

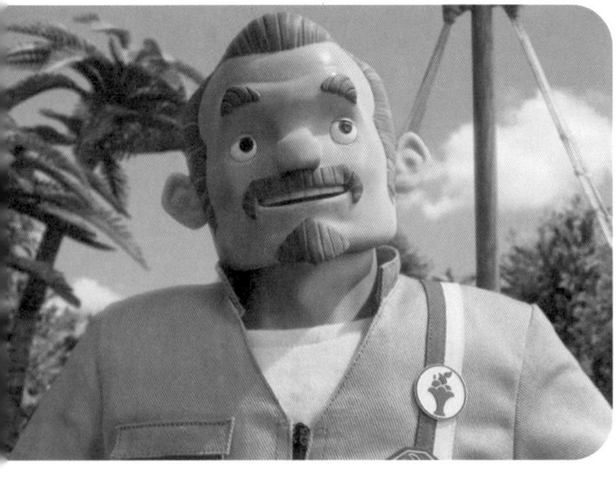

「最後にお前さんたちに楽しんでもらえてよかったよ」
エミリとトキオに向かって笑いかける永治。
「うん！ 超楽しかった！」
「すげーおもしろかったよ」
「そうかそうか、ありがとな。きっと斗升さんも喜んでるよ」
そう言って永治は空を見上げた。
「うん。きっと天国の斗升さんも…」
エミリが言うと、トキオも胸に手を当てて空を見上げる。
「まだ生きてるよ。昨日も一緒に飲んだよ」
永治の言葉に2人は拍子抜けしつつも、
船内は笑い声に包まれた。

リラックマたちは、永治に連れられてジャングルの奥の舟屋にやってきた。
「ねぇ、あれ何？」
エミリが指さしたのは、巨大なアヒルの機械人形。
「これはなぁ、いつかジャングルツアーが再開したときのための目玉にしようと思って作ったんだ」
「もしかして、これもおじさんが？」
「あぁ、廃止になったアトラクションの寄せ集めだけどね。
いつか、こいつを動かすときが来たらいいと思ってたんだけどね…」
エミリの問いかけに答えながら、永治は愛しさと切なさの入り混じったような表情でアヒルをなでた。

そのころ、バックヤードのトイレでは、園長が何やら真剣な表情で電話をしている。
バックヤードには、たくさんの荷物が次々に運び込まれていく。
ひとつため息をつき、トイレを出ようとする園長。
しかし、トイレの前にも荷物が積み上げられ、トビラはふさがれている。
「あれ？ ちょっと、誰かー!!」
園長はトビラをたたいて叫ぶも、トイレの周りには誰もいなくなっていた。

カオルさんとコリラックマは、パフェタワーの下に到着していた。
「ちょっと、リラックマたちいないじゃない！ もう集合時間過ぎてるわよ」
時計はすでに12時を回っている。
お腹が空いたとアピールするコリラックマ。
「みんなが集まったら食べようね。ちょっとそのへん見てくるわぁ…お弁当見ておいて！」
そう言って、カオルさんはコリラックマとトートバッグを残してその場を離れた。
ひとりになったコリラックマがラジコンで遊んでいると、ピエロが近くを通りかかる。
「シガーボックスどこ行っちゃったんだぁ？ …あいてっ！」
キョロキョロと辺りを見回すピエロの足に、コリラックマのラジコンがぶつかる。

コリラックマと目が合ったピエロは、パントマイムで長方形を描く。
「(こういう四角いの見なかった？)」
コリラックマは首をかしげる。
「(3つ重ねて、このくらいの高さのやつ)」
指を3本立ててから、シガーボックスの大きさを伝えるピエロ。
しかし、コリラックマはやはり理解できていない様子で、ピエロを見つめている。

その後、ピエロは何かを両手に抱えて去っていく。
ポツンと立ち尽くすコリラックマのもとには、空のトートバッグだけが残されていた。

そのころ舟屋では、リラックマがお腹をグゥ～と鳴らしていた。

to be continued …

Episode 4

ピエロの恋するジャグリング

おみやげ売り場の前を通りかかったピエロ。
店頭モニターには、スズネのライブDVDの映像が流れている。
ピエロは立ち止まり、モニターをじっと見つめる。
その手にはカオルさんのお弁当箱が…。
「ズキューン！」
「うっ…！」
画面越しのスズネにハートを撃ち抜かれたピエロは、小走りでその場をあとにした。
「あれ～？ どっち行った!?」
ピエロをさがし、辺りを見回すカオルさんとコリラックマ。
コリラックマが、ピエロを発見して指さす。
「いたいた！ ちょっと待って～！」

そのころ、エミリと永治は、舟屋の窓から遠くのティラノサウルスを見ていた。
「ねぇ、おじさん。あれってセンサー使ってる？」
「あぁ、船が通るとセンサーが感知して動くようにできてるんだ。
よくわかったな！ お嬢ちゃんも将来は俺みたいなメカニックか？」
「私、将来はプロのeスポーツ選手になるんだ」
エミリはゲーム機を取り出して見せた。
「イースポーツ…？ ゲームのプロ？」
「うん。大きい大会で優勝すれば、すごい賞金がもらえるし、スポンサーが付くんだよ。
これ私！ TAZMAKIってのはハンドルネーム」
エミリはゲームのランキングが表示された画面を指し、永治にゲーム機を渡す。
「ワールドランキング…世界7位ってことか!? 驚いたな～。
そりゃプロになったほうがいいよ」
永治が感心した様子で言うと、エミリは顔を曇らせる。
「お父さんが反対してるんだ。やっぱり諦めたほうがいいのかなぁ」
すると、永治は笑いながら言った。
「何言ってんだ！ 小学生だろ。好きなこと続けてりゃそれでいいんだよ」
エミリはハッとして、永治の顔を見る。
「俺だってここが好きでメンテナンスを続けてたから、
お前さんたちの楽しむ顔を見れたんだから。ま、気楽にやるこった！」
そう言って、永治はジャングルのほうを向いた。

【迷子のご案内をいたします。ニット帽に、紫のバッグのエミリちゃん。
ご両親がさがしておられます。見かけた方、心当たりの方はインフォメーションセンターまで。
繰り返し、迷子のご案内です…】
園内に再びアナウンスが流れる。
「ほら、みんな心配してるぞ」
永治はエミリにゲーム機を返す。
「うん。おーい！ リラックマ、もう行くよ！」
エミリが笑顔で呼びかけると、ちょうどお腹を空かせていたリラックマもうなずいた。

永治はスタッフ用の隠しトビラを開け、リラックマたちをバックヤードの外へと案内する。
「インフォメーションセンターなら、あそこのアトラクションを越えたところだよ」
「おじさん、ありがとう！ じゃあね、リラックマ！ みんな！」
エミリは大きく手を振り、走り去っていく。
「もうお昼過ぎてんじゃねぇか。飯だ飯。じゃあな！」
そう言って、永治もバックヤードに戻ろうとする。
すると突然、キイロイトリがバタバタと慌て始める。
カオルさんたちと待ち合わせしていたことを思い出し、
ハッとするトキオ。
「おじさん、時計見せて！」
時計には、13時15分と表示されている。
「あー！」
遅刻に気づき、トキオは頭を抱える。
空腹のリラックマは、お弁当を思い浮かべ、キイロイトリを頭に乗せたまま走り出す。
「あっ、リラックマ！ カオルさんに電話…」
しかし、トキオのスマートフォンは、ジャングルでの浸水で使えなくなっていた。

「こっち行ったよね!?」
ピエロを追いかけ、パフェタワーから離れていく
カオルさんとコリラックマ。
「待ってよー。リラックマ！ そんなに速く走れたのかよ」
トキオは、パフェタワーを目指して走るリラックマを
追いかける。
すると、リラックマは急に立ち止まり、
別の方向へと再び走り出す。
リラックマの頭から転げ落ちながらも、
スタッと地面に着地するキイロイトリ。

「おーい！」
トキオとキイロイトリは、リラックマに向かって呼びかけた。

リラックマが向かっていたのはだんご屋さん。
ただよう甘い香りに、鼻をクンクンさせるリラックマ。
「急にどうしたんだよ」
トキオとキイロイトリが追いつくと、リラックマはお店を指さし、
これを食べたいとお腹をたたいた。
「いらっしゃいませ〜。おだんごいかがですか？
クリームが入っていて、おいしいですよ」
カウンターの中の店員が声をかける。

だんごを見つめるリラックマとトキオ。
キイロイトリはカウンターに飛び乗り、お昼ごはんの前だからやめようと言っている。
「なんだよー。俺たちがいなかったら、今ごろどうなっていたかなぁ？
誰も助けに来ないで池の中にぽつーん、だぞー」
トキオの言葉に、リラックマもうんうんとうなずく。
今日の出来事を振り返るキイロイトリ。
ガサゴソとポシェットをさぐり、不本意ながらも500円玉を掲げる。
「おぉー！」
リラックマとトキオは、うれしそうに声を上げた。

夢中でだんごを食べるリラックマたち。
リラックマは、口の周りがクリームだらけになっている。
「あららら、クマさん。拭きますよー」
ティッシュを取り出し、
リラックマの口の周りを拭く店員。
そのとき、お店の電話が鳴る。
「…え？ はい。はい。えぇ…わかりました。はい…」
電話に出た店員は、顔を曇らせる。
一方、1本では物足りない様子のリラックマ。
キイロイトリはもうダメ！ と注意し、
お店のカウンターに置かれた【準備中】の立て札を指す。
「ごめんなさい。急に呼び出されて、行かなくちゃいけないんです。すみません…」
店員は、申し訳なさそうに店を去った。

落ち込むリラックマと、ホッとした様子のキイロイトリ。
「しょうがないじゃん。
お弁当とスペシャルホットケーキが俺たちを待ってるからさ」
トキオは肩を落とすリラックマを励まし、
みんなでパフェタワーへと向かった。

園の入口には、ハヤテが到着していた。

【おかけになった電話は、電源が入っていないか…】

「あれ？ トキオのやつ、つながらないじゃん。どこにいるんだよ」

ハヤテは案内板を見つめながら、困った表情を浮かべる。

合流したばかりのエミリと両親も、入口の近くを歩いていた。

「めちゃくちゃさがしたんだからな」

「なんでひとりで乗っちゃうのよ」

「うん…ごめん」

エミリはうつむく。

「で、何乗ってたんだ？」

「ジャングルツアー」

「まぁ。それって、ジャングルから動物が出てくるやつでしょ？」

「うん、ワニとかクマとかね」

「俺も子どものころ乗ったなぁ。動物がちょうどいいタイミングで動くのが不思議だったよなぁ」

「あれって、センサーがついてるんだよね！」

エミリは父親のほうを見て、得意げに言う。

「ほかの仕掛けも面白かったよ！」

楽しそうに話すエミリを見て、両親も笑顔を浮かべた。

広場に到着したリラックマたち。

「いなーい！ カオルさん、どこ行ったんだよぉ」

トキオはイライラした表情で言う。

キイロイトリはキョロキョロと辺りを見回し、リラックマはドスンと座り込んだ。

だんご屋の店員は園長室に呼ばれていた。
「これ見て！ グッズも機材も、なんでこんなことになっちゃってんの？」
発注書をパンパンとたたき、園長は怒っている。
「えっ！ こんなに!?」
驚いた店員は、発注書を凝視する。
「発注の数、ゼロ1個間違ったんじゃないですか？」
「ごめんなさい！ すぐ業者さんに連絡します」
「お願いしますね。あとね、荷物の置き場所もちゃんと考えて指示してくださいよ！
危うく閉じ込められるところだったんだから」
「すみません…」
「最後までしっかり気を抜かないようにね！」
立て続けにミスをしてしまった店員は、落ち込んだ様子でため息をついた。

カオルさんとコリラックマは、ピエロを追って園の事務所の前に来ていた。
「ここに入っていったよね？ でも、勝手に入っちゃマズいわよ…」
どうするか迷いながらも、ドアノブをガチャガチャと回すカオルさん。
しかし、ドアは開かない。
カオルさんが立ち尽くしていると、だんご屋の店員が泣きながら飛び出してきた。

会釈をして足早に立ち去る店員。
カオルさんがその背中を目で追っている隙に、
コリラックマは建物に入っていく。
「あ！ コリラックマ！」
カオルさんもコリラックマに続いて建物に入り、ドアを閉める。
辺りを気にしながら慎重に進むカオルさんに対し、
コリラックマはスタスタと歩いていく。
誰もいないことを確認し、どんどん奥へと進む2人。

すると突然、曲がり角でひとりのスタッフと鉢合わせる。
「ちょっと手空いてる？ イベントステージのほうで人手がいるって…。はい、これ」
スタッフは、カオルさんの返事を待たずに、スタッフ着を手渡す。
「もし空いてそうな人がいたら、来るように言っておいて！」
そう言って、スタッフは立ち去ってしまう。
カモフラージュのため、渡されたスタッフ着を羽織るカオルさん。
再び歩き出すと、廊下の先から園長が歩いてくる。
発注書を見ながら、何やらブツブツと独り言をつぶやく園長。
カオルさんは、とっさにコリラックマを持ち上げ、顔を隠しながら声をかける。
「おつかれさまでーす」
「はい、おつかれ」
園長はカオルさんを見ることなく、上の空で返事をした。

ピエロは、ロッカールームでパフォーマンスの練習をしていた。
カオルさんとコリラックマは、ドアの外からその様子を見つめる。
「はぁー…」
ひとつため息をつき、リングを取り出してジャグリングを始めるピエロ。
リングをトランクに戻し、続いて手に取ったのは、なんとカオルさんのお弁当箱！
「せーの…」
ピエロはシガーボックスだと思い込み、お弁当箱を投げようとする。
「あー！ ダメダメダメ！」
慌ててロッカールームに入るカオルさん。
「あぁ、やっぱりこんな僕じゃダメですよね…」
ピエロはカオルさんに驚きながらも、悲しそうにうつむいた。
「は、はい？」
「無理ですよねー…」
困惑するカオルさんをよそに、ピエロはお弁当箱を置き、ベンチに座ってため息をついた。
「あのー、それ…」
お弁当箱を取り戻そうと、カオルさんとコリラックマはピエロに近づく。
「今日もね、目が合ったから挨拶しようとしたんです。けど、何も言えなかった。
もう、あの瞳に吸い込まれそうで…」
ピエロは、壁に貼ってあるスズネのポスターを見ながら言った。
カオルさんもポスターに目をやるが、状況が理解できない様子。
「やっぱり、僕がアイドルとなんて、釣り合わないですよね。
でもね、こんな僕にも優しく微笑んでくれるんですよ」
コリラックマがお弁当箱に近づいて指さすも、
ピエロは自分の話に夢中で気が付かない。
「あの笑顔は誰でも好きになっちゃいますよー」
お弁当箱にひじを置き、話を続ける。
「ハハハハ…」
カオルさんは、苦笑いしながら髪を触った。

「あれは僕がこの遊園地に入社したばかりのころでした。
初めてのステージで緊張して赤鼻を忘れてしまった僕に、マイクのスポンジを貸してくれたのがスズネさんでした」
ピエロは昔の思い出を振り返る。
「パフォーマンスがヘタでブーイングを受けたとき、
自分もピエロメイクで出てきて盛り上げてくれたのもスズネさん。
仕事にも慣れてきて気が抜けている僕を、無言で叱ってくれたのもスズネさんでした」
「そうなんですか…」
カオルさんは相槌を打ちながら、ピエロの横に座った。
「そんな素敵な人だから、余計に僕なんてって思っちゃうんですよね」
「それ、わかります」
ピエロの言葉に、真剣な表情で同意するカオルさん。
「だけど、最近少し元気なさそうに見えるんです。
ひとりでいろんな仕事を背負い過ぎて、追い詰められてるんじゃないかなぁ。
スズネさん、前はもっと楽しそうに仕事してたんですよ。
本当にここが好きなんだって感じで…」

「好きなことを仕事にする難しさってあるわよねぇ」
「だから、少しでも自分がスズネさんの支えになれたらな！ …なんて」
「決して自分とは釣り合わない相手。でも、せめて役に立ちたいって気持ち、わかるわぁ」
ピエロの話に共感し、徐々に熱くなるカオルさん。
そんなカオルさんをよそに、コリラックマは、
ピエロのトランクから鼻メガネを取り出して遊んでいる。
「そうなんです！ 何かしてあげたいと思って。
僕なりにエールを送ったり、体を労わったり、
運気を上げようとしたり…。
いろいろやってはいるんですが、役に立ってるのかどうか」
「でも、ちゃんと行動に移せてるだけでもエラいわ」
「とはいえ、いざ想いを伝えようと思うと、無理なんですよねぇ」
「わかるわぁ！ 全然無理よねー！」

カオルさんは思わず立ち上がり、ピエロの手を取る。
「今日こそは！ って思った途端に、どうせ僕なんて…って思いが頭をもたげるんです」

「わかるわぁ。人を好きになったら、
毎日が堂々巡りよね。わかるわぁ…！」
共感が止まらないカオルさん。

一方、コリラックマは、トランクの中から
1本のスティックを見つける。
ブンブン振り回していると、
スティックの先からポンと花が咲いた。

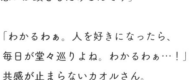

「あれー、誰もいないじゃん」
ハヤテはインフォメーションセンターにやってきたが、
あいにく係員は不在にしている。
「お待たせしました…！」
すると、先ほどまでだんご屋にいた店員が駆けつけ、
ハヤテの前に座った。

リラックマたちは、パフェタワーの前で待ちくたびれていた。
空腹も限界に達している。
「やっぱりもう1本食べときゃよかったなー」
トキオがグッタリとしながら言った。

ピエロとカオルさんは、すっかりヒートアップしていた。
「でもね、ピエロさん！ それじゃいつまで経ってもそのままじゃない！
わかってるでしょ！」
「そうなんです。迷っていても時間が過ぎるだけで前にも後ろにも進まないんです！」
「そうなのよー！」
「スズネさんのラストライブイベント、ひとりで頑張ってるスズネさんの力になりたい！
もうこれは恋だの愛だのを越えた純粋な気持ちです！」
「イイ！ ピエロかっこいい！」
ピエロを鼓舞するカオルさん。
「僕にできることは少ないけど、せめてライブを盛り上げるお手伝いをしたい！」
「よっ！ ピエロのお兄さん！」
「ありがとうございます！ やるぞー、スズネさん！ よーし…」
そう言って、ピエロは再びお弁当箱を手に取り、
シガーボックスのように投げ上げた。
あまりに一瞬のことで、口をあんぐり開けたまま、
お弁当箱を見上げるカオルさんとコリラックマ。
「あ———！」
宙に舞い上がるお弁当のおかずを見て、
カオルさんは叫んだ。

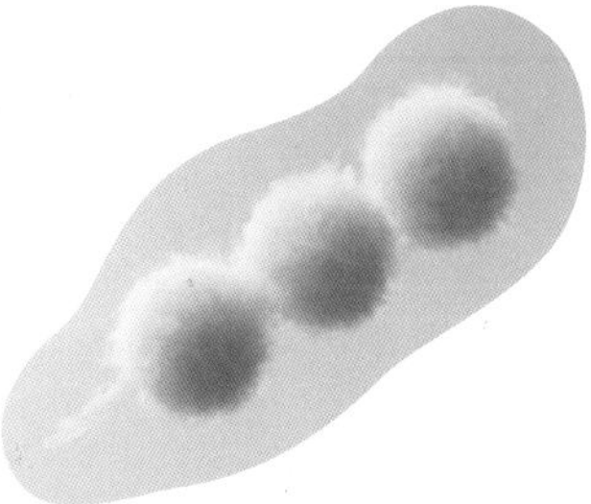

そのころ、広場に寝そべったリラックマは、
空に浮かぶだんごのような雲を眺めていた。

to be continued …

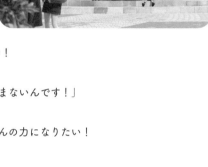

Episode 5

スズネはアイドル！

眠りから覚めたリラックマ。
ここはどこ…？
辺りを見回すも、暗闇が広がるばかりで何も見えない。
リラックマは立ち上がり、あてもなく歩き出す。
すると、道にぽつんと落ちているおにぎりを発見。
リラックマがおにぎりを拾い顔を上げると、その道の先にも等間隔でおにぎりが落ちている。
お腹が空いていたリラックマは、たくさんのおにぎりを拾い集めて満足げな様子。
そのとき、どこからか聞き覚えのある笑い声が聞こえてくる。
声のするほうを見ると、ボートに乗ってお弁当を囲むカオルさんやコリラックマ、キイロイトリ、トキオの姿が。
楽しそうなみんなを乗せたボートは、リラックマを置いて遠ざかっていく。
おにぎりを抱えながら、必死に追いかけるリラックマ。
しかし、ボートとの距離はどんどん広がってしまう。

リラックマが足を止めて立ち尽くしていると、
何かの唸り声に気づく。
「タベタイ…クイモノ…ウウウウウ…」
リラックマが振り返った先にいたのは、
3匹のおにぎりオバケ！
「リラックマァ…！」
おにぎりオバケがリラックマに襲いかかる。
あまりの恐怖に動けないリラックマは、
ブルブルと震えながら目をつむった。

「…ックマ…リラックマ…！ 起きろよ！」
トキオとキイロイトリに起こされるリラックマ。
どうやら、カオルさんたちを待っているうちに寝てしまっていたみたい。
リラックマは、夢でよかった…と思わずトキオに抱きつく。
「なんだよ、暑苦しいな～」
【お客さまにご案内申し上げます。
中杉区北荻ヶ谷からお越しのトキオさま…】
園内のアナウンスが流れると、
トキオはリラックマを引き離して言った。
「さっきから呼ばれてるんだよ。
インフォメーションセンターだって。行こうぜ！」

そのころロッカールームでは、
カオルさんとコリラックマが驚きのあまり言葉を失っていた。
宙を舞ったお弁当の中身は、
ピエロが手足に載せたお弁当箱と口を使い、見事にキャッチした。
もぐもぐ…ゴクッ。
口に入ったおかずを飲み込み、カオルさんのほうを見るピエロ。
カオルさんは呆然と立ち尽くしていた。

落ち着きを取り戻し、ベンチに座って残りのお弁当を囲む３人。
ムシャムシャと勢いよく食べるピエロを横目に、コリラックマとカオルさんもおかずをつまむ。
「ほんと、すみませんでした…」
「いいえ。あんなところにお弁当箱を置いておいたのが悪かったんです」
謝るピエロに対してそう返すも、カオルさんは残念そうな表情を浮かべる。
「いやいや、悪いのは僕ですよ。お弁当箱とシガーボックスを間違えるピエロなんてどこにいますか!?
…ここにいるんですけどね」
ピエロはウィンナーを頬張りながら言った。
苦笑いするカオルさん。
「お話を聞いていただいたうえに、お弁当までいただいちゃって恐縮ですよ」
「いいえ。…どうせハヤテくんには食べさせられないですから」
カオルさんは、ピエロに聞こえないようにボソッとつぶやいた。

「ごちそうさまでした！」
「か、完食…。すごいですね」
すっかり空っぽになったお弁当箱を見て、驚くカオルさん。
「僕、わりと大食いなんです。意外でしょ？それに朝から何も食べてなくて、腹ペコだったんで助かりました。
おいしいお弁当を食べたら元気が出ました！」
ピエロは晴れ晴れとした表情で、スクッと立ち上がる。
「僕もう行きますね。あ、そうそう…。君、これあげるよ！」
そう言って、ピエロはコリラックマにフラワースティックを渡し、ロッカールームをあとにした。

ロッカールームに残されたカオルさんとコリラックマ。
「私たちも、行かなきゃね…。はぁ」
ため息をつくカオルさんに、
コリラックマはポンと花を咲かせて見せた。

インフォメーションセンターの前にいたハヤテは、
係員にお礼を言い、トキオたちが来るのを待つ。
「やっぱり、制服着替えてくればよかったかな」
仕事終わりに直行したため、制服の上にジャケットを羽織っただけで
来てしまったことを気にするハヤテ。

軽くストレッチをしながらトキオを待っていると、園のスタッフが遠くから手を振っているのが見える。
辺りを見回すが、ハヤテの近くに別のスタッフは見当たらない。
「…僕？」
自分を指さし、困惑しながらも呼びかけに応じるハヤテ。
スタッフはうなずきながら、こっちに来いと手招きをしている。
状況を理解できないまま、ハヤテは小走りでスタッフのほうへと向かった。

段ボール箱を持たされ、バックヤードまで連れてこられたハヤテ。
イベントステージの裏にはたくさんの荷物が運び込まれている。
「もうひとり連れてきましたぁ！」
スタッフは別のスタッフに向かって言うと、
台車を押しながらどこかへ行ってしまった。
「え？ いや、僕…」
「はい！ 運んで！ まだたくさんあるんだから」
「ちょっと何してんの？ 早く行って」
立ち尽くしているハヤテに向かい、忙しそうなスタッフたちは荷物の運搬を促す。
「あ、はい。すみません…」
自分がスタッフではないことを言い出せず、ハヤテは仕方なく手伝うことに。

「これ発注しすぎなんじゃないの？」
「だよなー？ あの子忙しすぎて間違ったんだよ」
大量の段ボール箱を前にした、スタッフ同士の会話が聞こえてくる。
「おーい！ まだ荷物あるぞー」
「あぁ、今行く！」
荷物を運ぶため、何度も往復するスタッフたち。
「行こうぜ。あんな数ハケるわけないよなー」
そう言って、女性スタッフがハヤテの背中を押す。
「え、いや、あの僕…」
またしてもハヤテは断りきれず、連れていかれてしまう。

インフォメーションセンターでは、係員が電話をしていた。
「はい、納品されています。キャンセルは無理ですよね。
わかりました。すみません…失礼します」
発注ミスに加えてキャンセルもできず、
ますます表情が暗くなる係員。

そこに、ハヤテに呼び出された
トキオとリラックマとキイロイトリがやってくる。
「あれ？ 誰も待ってないじゃん。
すみませ〜ん！ さっき呼び出されたんですけど」

「えっと、トキオくんだよね？
お連れの方、さっきまでそこにいたんだけど…。
ごめんなさい。私がひと言かけておくべきでした」
係員は申し訳なさそうにうつむく。
「やっとお弁当食べられると思ったのに…。
クリームだんご1本ずつじゃ全然物足りないよなー」
トキオとリラックマは、疲れた表情で顔を見合わせた。

「あ、さっきの！ 私、だんご屋でみなさんに…」
ハッとして、リラックマたちに声をかける係員。
「だんご屋のお姉さんじゃん！ ここの受付もやってるの!?」
「そうなの。うち、人が少ないから」
トキオが聞くと、係員は困ったように笑った。
「だからあのときどっか行っちゃったんだ」
リラックマも納得した様子でうなずいた。

係員はリラックマたちを見つめ、
少し考えてから口を開く。
「…よし！ お連れの方を
一緒にさがしましょう！」
「いいの？」
「うん！ ちょっと待っててね」
不在の立て札を置いてから、
奥に下がる係員。
こうして、4人での人さがしが始まった。

「リラックマとキイロイトリね。よし、覚えた！」
係員が言うと、リラックマも係員に名前を尋ねる。
「えっと…。私は、“お姉さん”でいいわよ！
それより、お連れの人を見つけたらお姉さんに教えてね」
お姉さんは少し焦ったような表情を浮かべながらも、そう答えた。

「あ、これ見て！」
トキオはゲームコーナーに走っていき、入り口に置かれた看板を指さす。
そこにはスタンプラリーのポスターが貼られていた。
「スタンプ集めながらみんなをさがせば一石二鳥じゃね？」
トキオの提案に、スタンプよりも早くお弁当が食べたいと目を細めるリラックマ。
「なんだよ、リラックマ。スペシャルホットケーキが待ってるぞ！」
リラックマは、そうだった！ と一気に表情が明るくなる。
そんなことをしている場合なのかと困惑するキイロイトリとお姉さん。
「よし、行こうぜ！ スタンプ集めるぞー！」

まずは射的コーナーにやってきたリラックマたち。
射的担当の係員は、お姉さんの顔を見て声をかけようとする。
「あ、ス…」
「こちらのお客さまがスタンプを集めていらっしゃって！」
お姉さんは係員の声を遮るように言った。
トキオは係員に向かってスタンプカードを掲げる。
「スタンプは、ここにあるゲームで遊んで、合計得点が1000点を超えたら押してあげるよ。
どのゲームからスタートしてもいいからね」
係員はルールを説明し、リラックマに得点シートを渡した。

「よし、リラックマ。ぜってー、あれ倒そうぜ！」
リラックマとトキオは、やる気満々で銃を構える。
しかし、最高得点の100点を狙うも、的が小さくてなかなか当たらない。
「意外と難しいなー」
苦戦するリラックマとトキオ。
すると、その様子を見ていたお姉さんが、射的台の前にやってくる。
銃を手に取り構えると、なんと1発で100点の的に命中させた。

「やるじゃん！」
リラックマたちは大興奮！
お姉さんは照れくさそうに笑っている。
その後も何度かチャレンジし、射的では200点を獲得したリラックマたち。
「この調子で1000点集めようぜ！」
リラックマとトキオは気合いを入れ直した。

輪投げに挑戦するのはキイロイトリ。
ハンマー投げのように勢いよく回転して投げると、
輪っかは見事100点のピンへ。
「やったー！」
みんなから歓声が上がり、
キイロイトリは得意げにポーズを決める。

トキオはピンボールマシンにチャレンジ。
弾いたボールは200点の穴に落ち、
トキオとリラックマは見合ってガッツポーズをした。

フリースローゲームでは、お姉さんの華麗なゴールで得点をゲット。
隣のレーンのキイロイトリもボールを持ち上げながら大ジャンプし、
ボールはキイロイトリごとゴールネットを揺らした。

続くハンマーゲームでも、お姉さんが大活躍。
「うーん…えい！」
大きく振りかぶり、勢いよくゴングを鳴らす。

最後はリラックマによるもぐらたたき。
素早く動くもぐらを前にオロオロするリラックマだったが、
なんとか1匹をたたくことに成功した。
「いえーい！」
ハイタッチするリラックマとトキオ。
みんなの活躍で、スタンプカードには
またひとつハンコが押された。

「あー、楽しかったー！」
お姉さんはすっかりリフレッシュした様子で言う。
「お姉ちゃん、大活躍だったよな。プリクラのポーズも決まってるもんな」
「そうかな～？ 普段から鍛えられてるのかしら、なんて。…あ！」
何かに気づいたお姉さん。
視線の先には、写真館の壁にイベントのポスターを貼る園長の姿が。
「園長…」
急に後ろめたい気持ちになったお姉さんは、リラックマの後ろにそっと隠れる。
しかし、そんなことはお構いなしに、どこかに向かって歩き出すリラックマ。
「ちょ、ちょっと…リラックマ！」
お姉さんが小声で呼ぶも、リラックマはスタスタと歩いていってしまう。
園長はお姉さんに気づくことなく、壁に貼ったポスターを眺めていた。

リラックマが向かっていたのはフードコート。
テラス席にいた女の子のお子さまランチを、うらやましそうに見つめるリラックマ。
「何やってんだよー」
リラックマのあとを追い、トキオたちもやってきた。
「リラックマ、お腹空いたよね。ほら、中で買ってきましょう？」
そう言って、お姉さんが食事をごちそうしてくれることに。
トレーに載ったホットドックやフライドポテトを前に、テンションが上がるリラックマ。
「いただきまーす！」
リラックマはうっとりした表情を浮かべながら、夢中で食べている。
「リラックマって幸せそうに食べるよね～」
お姉さんから笑みがこぼれる。
「今日一番うれしそうじゃん」
トキオもからかうように言う。
「ふふ、リラックマは遊園地より食べ物なのね」
「お姉ちゃんは食べ物より遊園地だよね！ だって、さっきめっちゃ楽しそうだったもん。
俺らの中で一番楽しんでたんじゃね？」
トキオの言葉を聞き、お姉さんは遊園地の風景を見渡す。
「そっか…、そうかもしれないね」
遊園地には、たくさんのお客さんの笑顔が溢れていた。

ご飯を食べ終わり、
満足そうにお腹をさすりながら歩くリラックマ。
「おーい、リラックマ。置いていくぞ！」
「いいね。リラックマは余裕があって」
「のんびりしてるだけだよ」
リラックマを見て微笑むお姉さんに対し、
トキオはあきれたように言った。
「それがいいのよ。私なんて最近、
余裕なくて仕事もミスばっかり。
なんだか疲れちゃったな…」

写真館の前を通りがかったリラックマたち。
入り口にはスタンプラリーのポスターが貼られた看板が置いてあり、
リラックマは思わず引き寄せられる。
看板の横には、イベントのポスターが貼られたスズネの顔はめパネルも設置されていた。
「これもナカスギランドの最後のイベントだったから、
なんとか成功させたかったんだけど…。私じゃ力不足だったな」
お姉さんはイベントのポスターを見つめながら、寂しそうに言った。
「へぇ。アイドル…スズネ…ライブイベント」
トキオがポスターの文字を読み上げていると、お姉さんはメガネを外し、スッとパネルの裏に回り込む。

「あ！」
リラックマたちは驚きのあまり声を上げる。
そこにいたのは、なんと本物のスズネ！
「スズネッ…ちゃん!?」
「実はね。うちの遊園地、人手が足りないから、
おだんご屋もウグイス嬢もアイドルも、
全部私なのよ♡」

お姉さんの正体がスズネだと知り、うれしそうに談笑するリラックマたち。
しかし、その様子を遠くからレンズ越しにのぞく人影が…。
怪しげなカメラはスズネを捉え、シャッターを切った。

そのころ、イベントステージ裏では、
ハヤテへのスズネコールのレクチャーが行われていた。
「エル！ オー！ ブイ！ イー！ ス・ズ・ネ！」
3人のスタッフが、まじめな表情でお手本を見せる。

「やってみな！」
ハヤテもペンライトを渡される。
「…L・O・V・E・スズネ」
恥ずかしさから、声も動きも小さくなってしまうハヤテ。
「もっと腹から声出して！」
「…はい。L・O・V・E・スズネー！」
スタッフに喝を入れられ、
ハヤテのやけくそコールが空に響き渡った。

to be continued …

Episode 6

遊園地の秘密

わなわなと震えながら立ち尽くす園長。
イベントステージ裏には、大量の段ボール箱や機材が山積みになっている。
「すみませーん。これどこに置けばいいですか？」
すっかりスタッフの一員のように働くハヤテは、園長の機嫌など知らずに、後ろから声をかける。
「もう置くとこなんかないのよ！」
園長は振り返り、ハヤテに向かって怒りをぶつけた。

──スズネがリラックマたちに正体を明かしたときのこと。
その様子を見ていたひとりのファンが、遠くからカメラを向けていた。
夢中でシャッターを切る姿を見て、ほかのお客さんもスズネの存在に気づいてしまう。
「え、本物!?」
たくさんの人が集まり、スズネにスマートフォンを向けている。
メガネをかけ直し、リラックマの陰に隠れるスズネ。
「あのね。私がアイドルをやってるってこと、みんなには秘密なんだ。
正体がバレると、ほかの仕事もできなくなるし、
遊園地に迷惑がかかっちゃうの…。
だから、ここから逃げるの手伝ってもらってもいいかな？」
リラックマとトキオは、もちろんとうなずいた。

人通りの少ない道を選び、コソコソと移動するリラックマたち。
「リラックマ。スズネちゃんをさがしてそうなやつ見つけたらすぐ教えろよ」
トキオがそう言うと、リラックマはわかったとうなずく。
【スズネいたよ！！！ 絶対ホンモノ！！！】
【ナカスギランドでSUZUNEちゃんに遭遇しました！ 今広場の近く！】

SNS上には、スズネの目撃情報が投稿されている。
「スズネちゃんこの辺にいるってさ！」
「え、どこ？ 本物!?」
SNSを見たお客さんたちは、
スズネをさがそうと辺りを見回している。
「みんな、スマホ見てる。誰かがつぶやいたんだ…」
スズネは不安そうな表情を浮かべた。

「みんな、ごめんね。迷惑かけちゃって…」
「スパイごっこみたいでおもしろいよな？」
謝るスズネに対し、トキオとリラックマは
この状況を楽しんでいる様子。
キイロイトリも任せなさいと張り切っている。
「絶対逃がしてやるから任せろって！ な、リラックマ！」

トキオが言ったその瞬間、リラックマは、スマホを片手にこちらを見ているスズネのファンに気づく。
「ここもヤバいな…あっち行こう！」
トキオが先導し、リラックマたちは足早にその場をあとにした。

「コリラックマ、急ぎましょう。ハヤテくん待たせちゃってるかも…」
リラックマたちが先ほどまでいた場所を通りがかる、
カオルさんとコリラックマ。
2人は、待ち合わせ場所のパフェタワーに向かっていた。

そのころ、イベントステージ裏では、引き続きスタッフたちが荷物運びに追われていた。
園長はイライラしながら、ひとりのスタッフに声をかける。
「ちょっと、スズネちゃんどこ!?」
「今ごろには様子を見に来るって言ってたんですけど…」
「もう、荷物のキャンセルもできてないじゃない！
ちょっと、置き場所考えなさいよ！ またトイレから出られなくなるじゃないのよ!!」
怒りが爆発し、大声で叫ぶ園長。
「すごい怒ってるなぁ…」
ハヤテは荷物を運びながら、園長の様子を冷静に見つめる。
そこに、スタッフに連れられて永治がやってきた。
「あ〜、こりゃまたすごい量だね。まだあるんだろ？」
「そうなんですよ。ジャングルツアーの倉庫に置いておけないかなと思って」
「いやぁ、あそこにはちょっと無理だな…。
この量だと、例の"秘密の地下通路"にでも置いておくしかないかな」
永治は渋い顔をしながらも、別の場所を提案する。

「あのー…秘密の地下通路ってなんですか？」
永治たちの話を傍で聞いていたハヤテが声をかける。
「このナカスギランドは、約10年前にリニューアルして
スイーツがテーマになってるんだけどな。
ちょっと前までは、夢見る少年少女が憧れるような
アドベンチャーがテーマだったわけよ」
永治は、ハヤテを地下通路まで案内しながら話し始めた。

リニューアル前のナカスギランド。
ロケットのアトラクションやジャングルクルーズ、巨大フラワーの遊具、ピラミッド型のトイレなど、
アドベンチャーをテーマにした園内は、子どもたちの笑顔で溢れていた。
「斗升さん、みんな楽しんでくれてますね。まだまだアトラクション増やしたいですね」
若かりし永治は、子どもたちが遊ぶ様子を見ながら、師匠の斗升に言った。
すると、斗升は自作の設計図を取り出す。
「実はな、もっと大きな仕掛けを準備してるんだよ！
まだ手を付け始めたばかりだから完成してねぇけどよ」
「おぉー!!」
永治は感嘆の声をあげながら、設計図をのぞき込んだ。

「さぁ、こいつだ」
地下通路の入り口に到着した永治とハヤテ。
そこには故障中の自販機が2台置かれている。
永治が自販機のボタンを押すと、
自販機が左右にずれ、通路が出現した。

夕日に照らされながら、スタッフたちは地下通路に続々と荷物を運び入れる。
「こんなところがあったんですね。これってなんのための通路なんですか？」
レールが敷かれた細い通路を見ながら、ハヤテは永治に問いかけた。
「本当は新しいアトラクションになる予定だったんだ。
ここにトロッコを走らせてな、仕掛けや罠を突破する地下迷宮に仕上げるつもりだったんだよ。
けど、完成する前にリニューアルの話が出てな…」
少し寂しそうな様子で語る永治。
「へぇー。おじさ…あなたがお作りに？」
「あぁ、師匠と一緒に。ま、志なかばでこの通りだ」
「残念ですね…」
「そうさなぁ」
2人は暗闇に続く通路を見つめた。

「これで全部ですかー？」
通路に置いた荷物の隙間から、顔を出すハヤテ。
「いや、まだまだあるぞー」
永治は入り口のほうからハヤテに呼びかける。
「ちょっといいですかー？」
「なんだ？」
「あのー、そっちに戻れないんですけど！」
ハヤテは積み上げた荷物に阻まれ、抜け出せなくなっていた。

数分後。
荷物の山からなんとか脱出したハヤテ。
「どうもすみません。でもこの通路、
通れなくなって大丈夫なんですか？」
「うん。もうここは使うこともないだろう…」
永治は胸ポケットから手帳を取り出し、
挟んであった斗升の設計図を広げてつぶやく。

「さぁ、全部運んじまおう」
2人は残りの荷物を取りに、再びイベントステージ裏へと戻っていった。

カオルさんとコリラックマは、パフェタワーの前に到着していた。
「んもー、トキオくんの電話つながらないわ。リラックマにも携帯持たせておいたらよかった…」
トキオが電話に出ず、ため息をつくカオルさん。
コリラックマはでんぐり返しをして遊んでいる。
すると、カオルさんはあることを思い出してハッとする。
「そうだ！ トキオくんからハヤテくんの連絡先教えてもらってたんだ。
ハヤテくん、もうとっくに着いてる時間よね」
スマートフォンの電話帳からハヤテの連絡先を開き、
パフェタワーの時計を見上げるカオルさん。

時刻は16時40分。
「でもなぁ。どうしようかなー…」
ハヤテに連絡したいと思いつつも、
いきなり電話で話すのは緊張する…。
カオルさんの気持ちは揺れていた。

エミリの一家は、園内のゲームセンターに来ていた。
「よしよしよし。そのまま…ストップ！」
キャンディのクレーンゲームをプレイするエミリに、
横で見ていた父親が口出しをする。
「うるさいなぁ。もう…」
「次、母さん！ エミリ、よく聞いとけよ！」
煙たがるエミリをよそに、
父親は特に気にしていない様子で続ける。

「まだまだ、もう少し…。ストップ！ よし、見えた！」
母親も真剣な眼差しで指示を出す。
「つかまえた!!」
父親の掛け声とともにクレーンを下ろすと、見事にキャンディをゲット。
「わっ、やったぁ!! ドンピシャ」
「どうよ」
驚きながら喜ぶエミリに対し、父親は得意げな様子。
「久しぶりにやったから緊張したー！」
母親も達成感でいっぱいの様子で言う。
「昔はよく母さんと地元のゲームセンターを荒らしたもんさ」
父親はメガネをクイッと上げ、エミリに自慢する。
「つかんだ獲物は離さない、ファルコンクローのタツヤと！」
「鋭き眼は正確無比！ イーグルアイのマキコとはうちらのこと！」
決めゼリフとともに、謎のポーズを披露する両親。
「お、おぉ…」
エミリはなんとも言えない表情で両親を見つめた。

ゲームセンターを出たエミリの一家は、ソフトクリーム型のジュースを買ってベンチに腰掛ける。
「エミリが小さいころも、3人でゲームセンターに行ったことがあるんだぞ。覚えてるか？」
父親が話しかけるも、エミリはムスッとした表情でジュースを飲んでいる。

エミリが4歳だった6年前。
両親は、エミリを連れてゲームセンターに来ていた。
「見とけよー、エミリ。絶対取ってやるからな」
「はいはい、もう少し〜ストップ！ よし、見えた！」
「つかまえた！」
今日と同じように、クレーンゲームをプレイする両親。
クレーンにチェーンを引っ掛ける達人技で、
見事にゲーム機型のキーホルダーをゲットする。
「わぁ！」
両親のプレイを見たエミリは、キラキラの笑顔で喜んだ。

「…覚えてるよ。だからゲーム好きになったんだもん」
そう言って、そっぽを向くエミリ。
エミリのバッグには、使い込まれたゲーム機型のキーホルダーが付けられていた。
すると突然、エミリたちの前を複数のゴーカートが駆け抜ける。
「今のって…」
エミリたちは、ゴーカートの向かう先を目で追った。

先頭を走る2台のゴーカートに乗っていたのは
リラックマたち。
リラックマとスズネ、
トキオとキイロイトリに分かれ、
スズネのファンたちから逃げていた。
「スズネちゃーん！」
ファンたちを乗せたゴーカートも
その後ろに続く。
追いかけてくるファンたちに対し、
キイロイトリは渋い顔を向けた。

後部座席に座るスズネは、不安そうな表情で振り返る。
「リラックマ、早く…！」
徐々に接近してくるファンたちのゴーカート。
すると、トキオのゴーカートがその前に割り込む。
「リラックマ、逃げろ！」

一方、カオルさんは、ハヤテに連絡をするか悩み続けていた。
「ど〜しよ〜。ハヤテくんに〜？」
スマートフォンを握りしめながらニヤけるカオルさん。
コリラックマは、ビーンズ型の遊具に揺られている。

ハンドルを勢いよく切り、ドリフトするトキオ。
後部座席にいたキイロイトリは必死でシートをつかむも、
遠心力で飛ばされそうになっている。
その瞬間、ちょうど近くの遊具で遊んでいた
コリラックマがキイロイトリを発見！
飛ばされそうなキイロイトリに手を伸ばすコリラックマ。
なんとか手をつなぐと、2人は空中でくるりと回転し、
コリラックマはトキオのゴーカートに、
キイロイトリはビーンズ型の遊具に着地した。

トキオのかく乱により、ファンの乗ったゴーカートは立ち往生している。
「どんなもんだい！」
トキオとスズネはグッドサインを掲げ、リラックマたちは無事逃げ切ることに成功した。

リラックマたちの騒動に気づかぬまま、まだ悩み続けているカオルさん。
「やっぱり電話したほうがいいよね。ね、コリラック…え？」
そこにいたのは、コリラックマと入れ替わったキイロイトリ。
「キイロイトリ!? なんであんたがいるの？」
状況が飲み込めず、カオルさんは目を丸くして言った。

スズネのファンから逃げ切ったリラックマたちは、ジュースを飲んでひと息つくことに。
「トキオくん、すごかったねー！
…で、この子は？」
「コリラックマ」
コリラックマは手を挙げて返事をした。

「ん？ まただ」
トキオは、ここでもファンの視線に気づく。
「いた、スズネちゃん！」
「おぉ、ほんとだ。スズネちゃん！」
ファンは興奮した様子で、スズネを指さす。
騒ぎが大きくなるのをおそれ、
その場を離れるリラックマたち。
植え込みの陰に隠れながら別の場所に移動するも、再びファンが集まってしまう。
「この辺もだめか…。くっそー」
すると、何かに気づいたリラックマが、トキオの肩をトントンとたたく。
リラックマが指さした先には、空中に敷かれたレールの上を走るスカイサイクルが。
「スカイサイクルか！」
「えっと、乗り場はあっちよ！」
リラックマたちは、スカイサイクルの乗り場に向かって走り出した。

スカイサイクルに到着したリラックマたち。
リラックマとスズネ、トキオとコリラックマのペアに分かれ、それぞれ乗り込む。
「ここならしばらく見つからないね」
ホッとした様子でリラックマに話しかけるスズネ。
リラックマはヘトヘトに疲れた表情を浮かべている。
「疲れたねー。あ！ ていうか、お連れの方をさがすんだったよね。私、何してたんだろう…」
あきれたように笑うスズネに対し、リラックマは気にせず楽しもうと励ました。

しばらく進むと、リラックマとスズネは漕ぐのをやめて園内を見渡す。
「きれいねぇ。見て、みんな楽しそう。
ナカスギランドってこんなに広かったんだね」
夕日に照らされた遊園地には、
まだまだ楽しそうに遊ぶ多くの人たちがいた。
そんなお客さんの様子を見て、スズネは昔の自分を思い出す。
「進路に迷ってたころ、よく学校をサボってここに来てたっけ…」

高校3年生のスズネは、進路希望調査票を広げながら、
イベントステージの観客席に座っていた。
ステージに立つパフォーマー、それを見て喜ぶ子どもたち、
鳴り止まない拍手…。
自分の夢はここにあると確信し、スズネはワクワクした表情で
ステージを見つめた。

「そうだ。私、この仕事好きだったんだ…。
お客さんの笑顔を見るのが本当にうれしくって、昔は楽しく仕事できてたなぁ」
イベントステージの前にはお客さんが集まり始め、スズネコールも聞こえてくる。
「スズネ！ スズネ！ スズネ！」
「お客さん、集まってるね」
スズネはポツリとつぶやく。
「おーい、リラックマ。何やってんだよー」
なかなか進まないリラックマたちに呼びかけるトキオ。
一方、隣に座るコリラックマは、
何かに気づいて手を振っている。
「な、なんだよ。急に」
トキオは困惑し、コリラックマに問いかける。

コリラックマの視線の先には、ステージ上でパフォーマンスを披露するピエロの姿があった。
「ピエロー、もっと頑張れー！」
「スズネちゃーん、愛してるよー！」
ピエロへの応援の声と、スズネを待ちわびる声が入り混じる観客席。
ピエロは精一杯のパフォーマンスで場をつないでいる。

お客さんたちの声援に心を動かされ、
思わず涙を浮かべるスズネ。
観客席には学生時代のスズネのおもかげが現れ、
スズネに向かって力強くうなずいた。
スズネがポロリと涙を流すと、
リラックマは心配そうに手を重ねる。
「私、戻るね。みんなにも謝らなきゃ」
スズネがそう言うと、2人は再びスカイサイクルを漕ぎ始めた。

パフォーマンスを出し尽くし、オロオロと焦るピエロ。
「ほかの技は!?」
ステージ袖にいる園長が小声で叫ぶ。
「もう無理ですよー」
「歌とかダンスは？」
「無理です！」
「ピエロギャグとか、ピエロ漫談とかできないの？」
「なんですかそれ!?」
ピエロは園長の無理な要求に困惑する。
「…みんな！ ごめんなさい!!」
ステージ裏に到着し、園長やスタッフたちに頭を下げるスズネ。
「スズネちゃん!!」
そんなスズネを、スタッフたちはガッツポーズで出迎える。
しかし、ひとり声を荒げたのは園長。
「スズネちゃん！ お仕事ほっぽらかして、どういうつもり!?」
「園長、ごめんなさい！ 私…」
言葉に詰まるスズネを見ると、園長はふっと息を吐き、優しい笑顔を浮かべながら続ける。
「お客さん、みんな待ってますよ。最後までしっかりやり遂げなさい」
「…はい！」
スズネも笑顔を取り戻し、力強く返事をした。

ほとんど日が落ち、薄暗くなった遊園地。
ステージ裏では、衣装に身を包んだスズネがスタンバイしている。
「そういうことで、合図を出しますんでお願いします」
スタッフたちとともに、最終確認を行うスズネ。
そのころ、リラックマとコリラックマとトキオも観客席に到着していた。

「どうぞー」
「あ、ありがと…ん？」
ペンライトを受け取ったトキオが顔を上げると、配っていたのはなんとハヤテ。
「あー！」
ハヤテもトキオに気づき、声を上げる。
「あーじゃないよ。ここで仕事してたのかよ？」
「違うよ。話せば長いんだよ…」
ハヤテが言い訳をしようとしたそのとき、観客席のお客さんから大歓声が上がる。
ステージ上には、観客席に手を振るアイドル・スズネの姿が。
「あ、スズネちゃん！」
スズネの登場に目を奪われるトキオ。
コリラックマはステージのほうへと駆け出し、リラックマもそのあとに続く。

役目を終え、袖にはけようとするピエロ。
頑張ってくれたピエロに対し、スズネはハグで感謝の気持ちを伝える。
「あぁ！」
突然の出来事にピエロは間抜けな声を上げ、
フラフラしながらステージを降りた。

スーッと息を吸い込み、スズネは観客席に向かって元気に挨拶をする。
「みなさーん！ こんばんはー!!」
スズネの指示通り、スタッフたちが順番にスポットライトを点灯すると、
ステージは眩しすぎるほどのライトに照らされた。
しかし次の瞬間。
大きな衝撃音が鳴り響き、辺りは突然真っ暗闇に。
ペンライトだけがぼんやりと光るなか、
お客さんは騒然とし、スタッフたちも戸惑いの表情を浮かべる。

イベントステージだけでなく、
どうやら遊園地全体が停電している様子。
ラストライブを前に、大トラブル発生…!?

to be continued …

Episode 7

くらやみの作戦会議

薄暗くなった遊園地。

カオルさんとキイロイトリは、ビーンズ型の遊具に腰掛けている。

「で、コリラックマはどこ行ったわけ？」

わからないと答えるキイロイトリ。

「もうダメだぁ。こんなことしてても埒が明かない。私、ハヤテくんに電話するから！ 止めないでね！」

カオルさんは、意を決したようにスマートフォンを睨む。

キイロイトリも止めませんとうなずく。

「…でもなぁ。よし、もうかけます!! …でもなぁ」

しかし、かけると言ってはまた悩みを繰り返すカオルさん。

すると突然、大きな衝撃音が鳴り、辺りが真っ暗に。

「キャッ、何!?」

カオルさんとキイロイトリは驚いて飛び上がる。

「真っ暗じゃん！ どうした!?」

カオルさんが辺りをキョロキョロと見回していると、

キイロイトリはスマートフォンが発信中になっていることに気づく。

「うわっ！ ちょっと待ってストップ!!」

驚いた拍子にうっかり電話をかけてしまい、動揺するカオルさん。

【もしもし。もしもーし…】

電話の向こうから声が聞こえ、ドキドキしながら画面を見つめるカオルさん。

「も、もしもし…」

カオルさんは、少し上ずった声で電話に出る。

【カオルさん？】

「ん？ …トキオくん？」

カオルさんの期待もむなしく、電話の声の主はトキオ。

【カオルさん、何やってるんだよ。

すごいさがしたんだからなぁ】

「おいおい、勝手に出るなよ」

ハヤテはトキオの横であきれたように言った。

「ただ今原因を調べておりますので、しばらくお待ちくださーい！」
騒然とするお客さんに対し、係員が声をかける。

カオルさんとキイロイトリがイベント会場に到着し、
ようやく全員で集まれたリラックマたち。
コリラックマはうれしそうに駆け寄り、
カオルさんに頭をスリスリしている。
「コリラックマいた～！ みんなにやっと会えたよぉ」
カオルさんの横で、キイロイトリも飛び跳ねる。
「どーも、カオルさん」
さわやかな笑顔でカオルさんに挨拶するハヤテ。
「ハヤテくん…♡」
カオルさんは頬をゆるめながらハヤテを見る。

「お久しぶりです。今日はすみません。お昼には合流するつもりだったんですが、いろいろありまして…」
謝るハヤテとカオルさんの間には、2人だけの甘い空気が流れる。
気まずそうにポリポリとあごをかくトキオ。
「そうですかぁ。こちらこそ…。ん？」
微笑みながら答えるカオルさんの前に、
突然リラックマがグイッと割り込む。
「何よ、リラックマ」
すると、リラックマはカオルさんの肩にかかった
トートバッグを指さし、無理やり取り上げた。
その様子を見て、ハッとした表情を浮かべるコリラックマ。
リラックマはお弁当箱のフタを開ける。
しかし、中身は空っぽ…。
「こっちもいろいろあってね…。ピエロがいてね。その…」
一生懸命言い訳を考えるカオルさんだったが、
リラックマはショックのあまり何も聞こえていない様子でプルプルと震えていた。

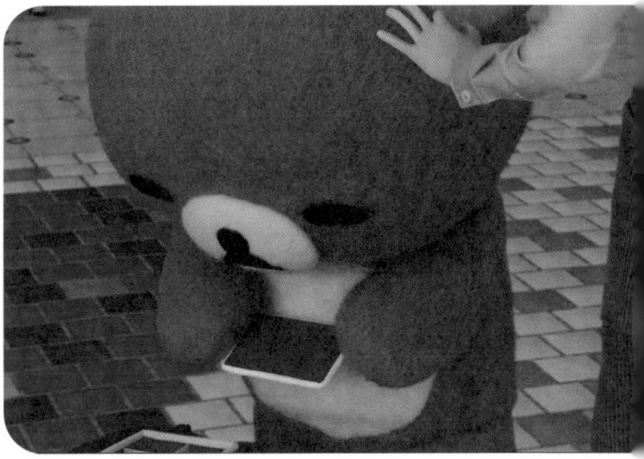

ステージ裏には園長とスタッフが集まっていた。
「ちょっとぉ、現状どうなっちゃってるんですかー？」
園長はイライラしながらスタッフに聞く。
「どこも電気落ちちゃってます」
「人が多いところだけでも先に復旧できない？」
「全部連動してるみたいで、難しいっぽいです」
「じゃあ、ちょっと見てきますから…。パレードまで絶対にお客さん帰しませんよ！」
園長は停電の原因を調べに、どこかへと向かった。

「ペンライト、まだありますか？」
スズネは焦った様子でステージ袖にいたスタッフに聞く。
「向こうにあるよ！
まだ配れてない場所がいっぱいあるからそっち行って」
「わかりました！」
ペンライトを取りに行く途中、会場の様子を見ていた永治に会う。
「おぅ、スズネちゃん」
「永治さん！」
「あの照明やら音響やらの機材、発注したのスズネちゃんだろ？
いっぺんにたくさん使い過ぎたな。ちょっと無理させ過ぎて、へそを曲げちまったんだ」
永治は笑いながら言った。
「直りますか？」
「ちゃんと原因を見てみなくちゃわからないけどよ、きっとなんとかなるよ」
「すみません…」
「そんな落ち込むなよ！ トラブルも楽しむくらいじゃないと、お客なんて楽しませられないぞ」
落ち込むスズネを励まし、永治は去って行った。

ある場所に到着し、配電盤ボックスのトビラを開ける園長。
「これだ、これだ…」
園長がグイッとレバーを持ち上げると、
園内の電気が一斉に点灯した。
園長の表情も明るくなるが、喜びもつかの間、
再び真っ暗になってしまう。
そのころ、建物の外に設置された変圧器は火花を散らし、
黒い煙を上げていた。

「リラックマ、機嫌直してよ。あとで好きなデザート買ってあげるからさ…」
肩を落とすリラックマをなだめるカオルさん。
「ほら、スペシャルホットケーキが待ってるぞ！ あとは最後のパレードのところだけだ！」
そう言ってトキオがスタンプカードを見せると、リラックマはハッとして顔を上げた。
ホットケーキを思い浮かべ、機嫌を直すリラックマ。
すると、そこにスズネがやってきて、
リラックマに声をかける。
「あ、リラックマ！ お願いがあるの…」

斗升からもらった工具箱を持ち、
事務所にやってきた永治。
制御室に足を踏み入れると、赤い警告ランプが点灯し、
パソコンのモニターにはおびただしい数の
エラーウィンドウが表示されている。
「ひねくれてるのはどこだぁ？」

永治は、１台のノートパソコンにエラーコードが流れていることに気づく。
「こりゃなんだ？ 何が原因だ…？」
手帳をペラペラとめくり、解決方法をさがす永治。
「これは…思った以上にご機嫌ナナメみたいだなぁ」

「電源復旧までもうしばらくお待ちください！ こちら、お使いください！」
「わぁ、ありがとう。 頑張ってください！」
ペンライトを配るスズネに、お客さんもエールを送る。
「こちら、お使いくださーい」
スズネの真似をして手伝うトキオ。
リラックマは子どもたちに囲まれ、されるがままの状態に。
得意げにでんぐり返しをするコリラックマはお姉さんたちを夢中にし、キイロイトリは子どもに頭の毛を引っ張られながらもじっと我慢していた。
「みんな人気だなー」
「ありがたいわぁ。電気が戻ってパレードできても、お客さんが帰っちゃったら意味ないし」
スズネとトキオは、リラックマたちの様子を眺めながら微笑んだ。

「こちらでペンライト配ってまーす」
カオルさんもペンライトの配布を手伝っている。
「こちらでも、ペ・ン・ラ・イ・ト〜！ 配ってま〜す♪」
ペンライトをグルグルと振り回し、お客さんにアピールするハヤテ。
「ふふっ。何それ？」
ハヤテのおかしな動きを見て、カオルさんはクスッと笑った。

制御室から戻ってきた永治はスズネのもとへ。
「おぅ、スズネちゃん。園長見なかったかい？」
「いえ、ここには…」
「おじさん！」
「おう！」
永治を見てトキオも声をかける。
「永治さん、復旧できそうですか？」
スズネが心配そうに聞くと、永治は困ったような顔で答える。
「それが、ちょっと厄介なことになっててさぁ。
この園がリニューアルしたときに入れた配電プログラムにエラーが出てるんだよ。
おまけに、メインのケーブルもイカれちまってるらしいんだ」
「プログラムですか…」
「電源に関しちゃ考えようもあるんだが、プログラムのほうは
俺みたいなアナログ人間にはチンプンカンプンで手も足も出ん」
トキオは悔しそうな表情を浮かべ、視線を逸らす。
すると、その視線の先に誰かを発見する。
「おーい！」
トキオが手を振るほうを見て、永治もパッと表情が明るくなる。
「おぉ、そっか。…いけるかもしれん！」
そこには、電気の消えたメリーゴーランドにまたがり、ゲームをしているエミリがいた。

みんなが制御室に集合する。
「問題はこのプログラムのバグってことだね？ で、彼女が修正してくれると…」
園長は半信半疑だが、エミリは黙々とキーボードをたたいている。
ほかのみんなは、感心した様子でエミリの背中を見つめている。
「エミリ、どうだ？ 修正できそうか？ お前プログラミングなんてできたんだな…。
タイピングもめちゃくちゃ速いじゃないか！」
そんな父親の言葉には構わず、真剣な表情で作業を続けるエミリ。

「手が疲れたらアイシングして…」
「うーるさいっ！」
エミリは邪魔をしてくる父親に耐えかね、怒りながら振り返る。
その気迫に驚き、思わず飛び跳ねるキイロイトリ。
「お、おう。…だよな」
父親もエミリに圧倒され、大人しく見守ることにした。

「すげー」
トキオは、尊敬の眼差しでエミリを見つめている。
「自分でゲームを作るって言ってたもんなぁ」
「えっ、そうなんですか!?」
永治の言葉を聞き、エミリの両親は同時に反応する。
「あぁ、あんた親なのに知らんのか?」
「プレイヤーとしてはもっとすごいよ。世界ランキング7位だもん!」
トキオがまるで自分のことのように得意げに言うと、リラックマもうんうんとうなずいた。
「7位! そんなに!?」
エミリの両親は驚き、目を丸くする。
「TAZMAKIっていったらゲーマーで知らない人はいないんじゃない?」
エミリのハンドルネームを口にするトキオ。
「タ、タツマキ? それって…」
エミリの両親は顔を見合わせ、おなじみのポーズを決める。
「ファルコンクローのタツヤ!」
「イーグルアイのマキコ! で…」
「タツマキ!!」
制御室が一瞬変な空気に包まれ、みんなはきょとんとした顔で2人を見る。
「エミリ、そうなのか!?」
エミリの父親は、興奮気味に尋ねる。
「もー、うるさいなぁ…」
エミリは照れ隠しをするように、パソコンから顔を逸らさずに言った。
バッグに付けられた思い出のキーホルダーは、ゆらゆらと揺れていた。

「ねー、パレードまだぁ?」
そのころ、イベント会場では、待ちくたびれた子どもたちがピエロに詰め寄っている。
ピエロは何もできず、困ったような表情で頭をかいた。

高速でコードを入力し続けるエミリ。
「頑張れ、エミリ！」
エミリの父親に続き、コリラックマとキイロイトリもエールを送る。
「お嬢ちゃん、パレードに間に合うか？」
永治が聞くと、エミリはクルッと振り返って答える。
「時間はかかりそうだけど…。なんとか」
「でも、肝心の電源がなんとかならないと」
「結局パレードは中止ってことよね…」
深刻そうな表情を浮かべる園長とスズネ。
スタンプラリーの達成まであと一歩だったリラックマとトキオはショックを受ける。
頭の中でホットケーキが爆発し、絶望的な表情で立ち尽くすリラックマ。
「リラックマ…！」
カオルさんはリラックマを不憫に思い、ギュッと抱きつく。

「ごめんなさい！ すべて私のせいです！」
みんなのほうを向き、頭を下げるスズネ。
すると、園長がスズネに言い返す。
「いいえ、悪いのは私です。この配電プログラムを導入したのも私ですから。
リニューアルの際、中央制御システムに切り替えたのが仇になりました。
それがナカスギランドを生き返らせる最善の方法だと思ったんですが…。結果はこの通りです」
「園長…」
「スズネちゃん、君に仕事を押し付けすぎたのも悪かったね。
なんとかここを存続させようと奔走していたのですが、
園内のことをみんなに任せっぱなしにしてしまいました。
最後の最後にこんなことになってしまって、みなさんに申し訳ないです」
そう言って、園長は深々と頭を下げた。

すると、スズネと園長のやりとりを聞いていた永治が高らかに笑う。
「2人してショボくれた顔しやがって！」
「永治さん…？」
「言ってるだろ？ トラブルも楽しむくらいじゃなきゃ、
お客を楽しませることなんてできないって。
ついに、あれを使うときが来たのかもしれないな…」

「あれ…？」
何かを企む永治に対し、園長はまったく検討がつかない様子。
「実は、この遊園地には秘密の地下通路があってな」
永治は配電マップをバンバンとたたきながら言う。
「知りませんよ!? そんなもの！」
初めて聞く地下通路の存在に、驚きを隠せない園長。
「そりゃそうだよ。俺と師匠しか知らないんだから」
「師匠って…斗升さんですか!?」
「あぁ、園長がクビにした斗升師匠だよ」
「人聞きが悪いですよ！ 斗升さんは定年退職だったじゃないですか」
永治の冗談に、園長は慌てて反論する。
「…冗談はさておき、その地下通路をアトラクションに使うために自家発電装置を仕込んであるんだよ。
斗升師匠の置き土産が役に立つときが来たよ。じゃ、ちょっくら行ってくるわ」
永治は工具箱を持ち、制御室を出ていく。
すると、何かに気づいたハヤテが大声を上げる。
「あーダメだ！ 地下通路は奥に進めない！」

みんなで地下通路の入り口に移動すると、
地下通路内は先ほど運び込んだ荷物でいっぱいになっていた。
「なんであんたたちまで？」
カオルさんは、一緒についてきたリラックマたちに聞く。
「だってパレードができないと、
スペシャルホットケーキが食べられないんだろ？」
リラックマとトキオは、スタンプカードを掲げて主張する。

「この一番奥に、自家発電装置のスイッチがあるはずだ」
永治はダンボール箱でふさがれた通路を見て言う。
「なんで荷物詰めちゃったんですか？」
「なんでだろうなぁ」
ハヤテが聞くと、永治は他人事のように答えた。

「おじさーん。ここに隙間があるよ！」
山積みのダンボール箱の中に細い隙間を見つけるトキオ。
「誰か通れるか？」
「ちょっと待って。あぁ…厳しそー」
一番小さなキイロイトリが通ろうとするも、
挟まって動けなくなっている。

「人はとても通らんサイズだし、クマも…」
永治が言いかけると、リラックマは無理無理と手を横に振る。
そして、コリラックマのリュックからはみ出したラジコンを指さした。
「ラジコンかぁ！」
リラックマのナイスアイデアに、指をパチンと鳴らす永治。
「なるほど！」
カオルさんとハヤテも思わず声をそろえる。
永治はトランシーバーを使い、制御室にいる園長に連絡をする。
「園長、こっちはなんとかなりそうだ！」
「永治さん、よろしくお願いします！」
「近くにお嬢ちゃんはいるかい？」
「おじさん、聞こえてるよ」
キーボードをたたきながら応答するエミリ。
「プログラミングはそのまま続けてくれ。必ず電気は時間までに復旧させてみせる」
「わかった！」
永治の報告を聞き、園長はスズネに指示をする。
「パレードは予定通りスタートしますよ。スタッフとお客さんにも伝えてください」
「はい！」
スズネは笑顔になり、イベント会場へと走り出した。

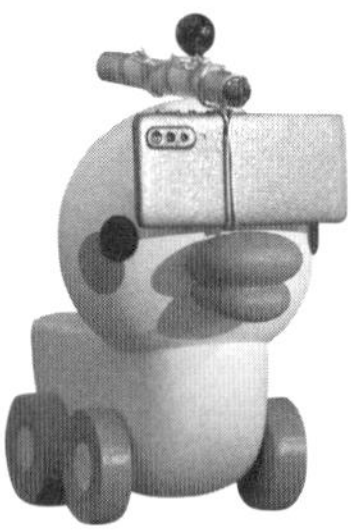

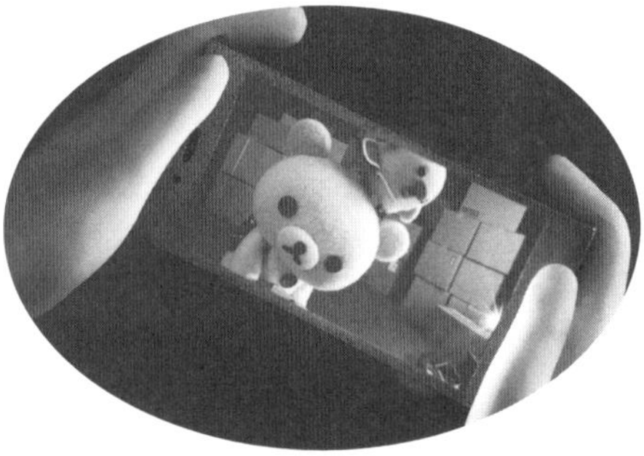

永治はラジコンにフラワースティックを装着し、
そのスティックの先にスマートフォンを固定する。
「よーし。こいつが目の代わりだ」
「ビデオ通話、つながりました！」
カオルさんのスマートフォンに、
ラジコン目線の映像が流れる。
「おー！ これで見ながら操作すればいいんだ。かっこいい！」
スマートフォンの画面を見て、テンションが上がるトキオ。

リラックマは、昔使われていた探検服を発見して
身にまとい、キイロイトリにも探検帽をかぶせる。
リモコンを持ったコリラックマと3人で並ぶと、
準備完了！ と背筋を伸ばす。
ほかのみんなも意気込み、強くうなずく。

ラジコンはダンボール箱の隙間を通り抜け、
地下通路を進み始めた。

to be continued …

NETFLIX シリーズ

リラックマと遊園地

Episode 8　最後のパレード

San-X
SAN-X CO.,LTD.
dwarf

※実際に撮影で使用したものに、一部修正を加えております。

Special
appendix

Ep. 08 No. 01

SHOT	PICTURE	ACTION	DIALOGUE	TIME
e08s01A	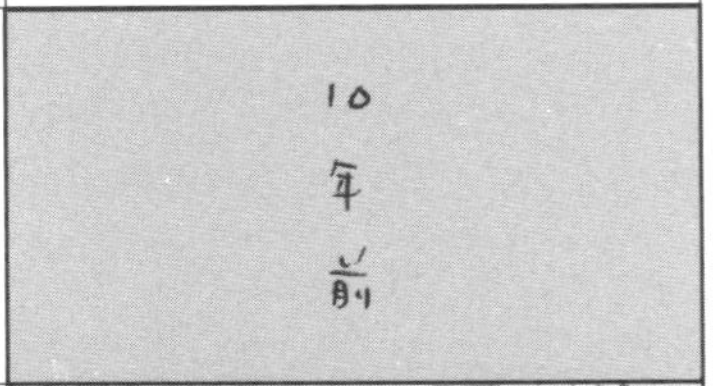	テロップ		03:00
e08s01B		回想 2D アニメ	永治「リニューアル工事も進んでますね。園内全部デジタル制御って…斗升さんは平気ですか？」	06:01
e08s01C		回想 2D アニメ	斗升「新しい園長の方針だから仕方ないよ…。でもな永治、デジタルっつっても完璧じゃねえだろ？」	08:04
e08s01D		回想 2D アニメ	永治「ええ…」	03:06
e08s01E		回想 2D アニメ	斗升「もしトラブったら、この自家発電装置を使えばいい。新園長への俺からの置き土産だ。ははは…」	09:06

Ep. 08 No. 02

SHOT	PICTURE	ACTION	DIALOGUE	TIME
				03:19
e08s02A		真っ暗になった園		04:06
e08s02B		サイリウムを持って移動するお客さんたち。トラメガのスズネの声が聞こえてくる。	（ザワザワザワ…）	03:17
e08s02C		お客さんを誘導するスズネ。	スズネ「まもなく電気は復旧して、パレードは時間通りに始まります！皆さん、こちらへ移動して下さい！」	05:00
e08s02D		お客さんを誘導するピエロ。	ピエロ「パレードは時間通りに始まりまーす！」	05:00

Ep. 08 No. 03

SHOT	PICTURE		TIME
e08s03A		ACTION ノート PC に向かうエミリ。 DIALOGUE SE（タカタカタ…）	03:00
e08s03B		ACTION 心配そうに見守る園長 DIALOGUE SE（タカタカタ…）	03:00
e08s03C		ACTION 心配そうに見守る両親 DIALOGUE SE（タカタカタ…）	03:00
e08s04A		ACTION 地下通路を進むラジコン。 DIALOGUE SE（ウィーン…）	03:00
e08s04B		ACTION トキオの手。スマホでラジコンの視点を見ている。 DIALOGUE	02:08

Ep. 08 No. 04

SHOT	PICTURE		TIME
e08s04C		ACTION スマホを見ながらラジコンを操作するコリラ。 DIALOGUE トキオ「いいぞ、その調子だ！コリラックマ！」	03:03
e08s04D		ACTION みんなでスマホの画面を覗きこんでる。 DIALOGUE カオル「コリラックマ、上手〜」 永治「うむ。道も合っとる！」	04:05
e08s04E		ACTION はしゃぐコリラ。 DIALOGUE コリラ「ぐぅぐぅ！」	02:03
e08s04F		ACTION 慌てるトキオ DIALOGUE トキオ「うわー！だめだめ！！落ち着け、コリラックマ〜、落ち着けってー」	01:22
e08s04G		ACTION 心配そうなリラ。 DIALOGUE リラ「グゥ…」	02:17

Ep. 08 No. 05

SHOT	PICTURE	ACTION / DIALOGUE	TIME
e08s04H		ACTION フラフラしながら進むラジコン。 DIALOGUE SE（ウィーン…）	03:19
e08s04i		ACTION 壁際に置かれた仕掛けや建材。 ラジコンの光が移動。 DIALOGUE SE（ウィーン…）	03:00
e08s04J		ACTION 壁際に置かれた仕掛けや建材。 ラジコンの光が移動。 DIALOGUE SE（ウィーン…）	03:00
e08s04K		ACTION ラジコン止まる DIALOGUE SE（…ウィン）	02:22
e08s04L		ACTION 道が細い一本橋のようになっている。 DIALOGUE	02:00

Ep. 08 No. 06

SHOT	PICTURE	ACTION / DIALOGUE	TIME
e08s04M		ACTION DIALOGUE トキオ「うわ！これ落ちちゃうじゃん！」	01:19
e08s04N		ACTION DIALOGUE 永治「工事を途中で切り上げたからな…きちんと取り付けてるかも危ういなぁ」 ハヤテ「ええっ！？」	02:21
e08s04O		ACTION DIALOGUE	03:22
e08s04P		ACTION ちょっとずつ進むラジコン。 DIALOGUE SE（ウィン…ウィン…ウィン…）	02:17
e08s04Q		ACTION ゆっくりボタンを押すコリラ。 DIALOGUE SE（カチッ…カチッ…カチッ…） カオル「気をつけてコリラックマ！」	02:12

Ep. 08 No. 07

SHOT	PICTURE	ACTION / DIALOGUE	TIME
e08s04R		ACTION 見守るトリ。 DIALOGUE ハヤテ「深呼吸、深呼吸…」	01:18
		ACTION DIALOGUE	
e08s04S		ACTION 何かに気づくリラ。 DIALOGUE リラ「グッ！」	
		ACTION ポケットをゴソゴソ探る。 DIALOGUE	03:23
e08s04T	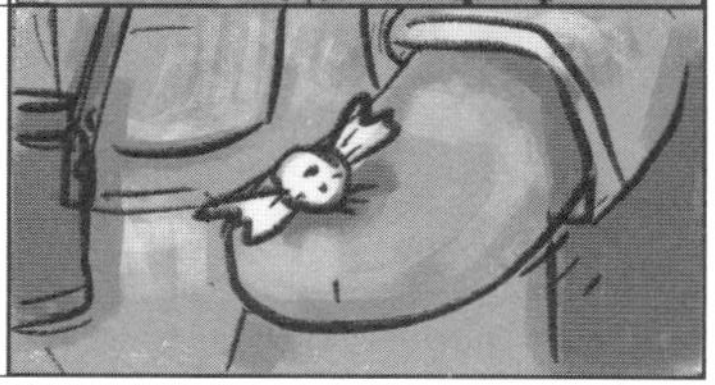	ACTION さっきエミリにもらったキャンディーを出して、コリラに差し出す。 DIALOGUE リラ「グゥー」	02:15

Ep. 08 No. 08

SHOT	PICTURE	ACTION / DIALOGUE	TIME
e08s04U		ACTION キャンディーを受け取るコリラ。 DIALOGUE トキオ「ああ、それエミリにもらったキャンディーか！」 コリラ「ぐぅー！」 カオル「リラックマ気が効くわね」	05:16
e08s04V		ACTION にっこりするエミリ。 DIALOGUE	02:22
e08s04W		ACTION 一本橋を慎重に進むラジコン。 DIALOGUE カオル「もう少し、もう少しよ！」 ウィーン！ウイーン！	03:10
e08s04X	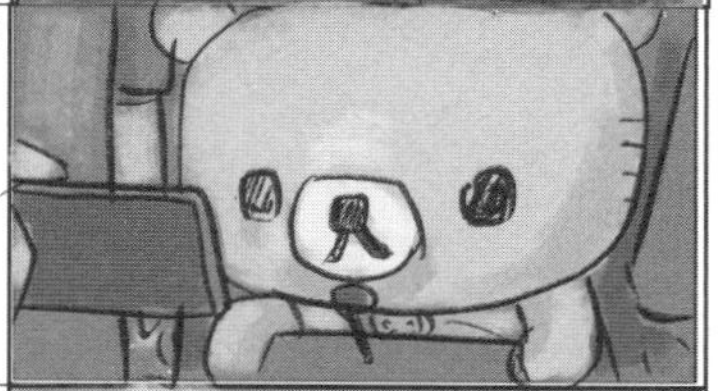	ACTION コリラの慎重な操作。 DIALOGUE トキオ「落ち着いていこう！」	03:23
e08s04Y		ACTION 一気に渡りきる。 DIALOGUE SE（ウィーン…ウィーン…ウィーン…） トキオ「よっしゃ！」	04:20

Ep. 08 No. 09

SHOT	PICTURE		TIME
		ACTION DIALOGUE	
		ACTION DIALOGUE	
e08s04Z		ACTION 自販機の隠し扉の外から DIALOGUE ハヤテ「やった！」 カオル「よかったー！」 コリラ「ぐぅぐぅー！」 永治「さあ、先へ進もう」	06:14
e08s05A		ACTION ラジコン、奥から手前へ進んでくる DIALOGUE SE（ウィーン…）	05:03
e08s05B		ACTION 壁に立てかけてあった建材が突然崩れてくる。 DIALOGUE SE（ガラガラガラッ！！！） トキオ「うわっ！あぶないっ！」	03:00

Ep. 08 No. 10

SHOT	PICTURE		TIME
e08s05C		ACTION DIALOGUE トキオ「おじさん、これって仕掛け！？」	02:23
e08s05D		ACTION DIALOGUE 永治「いや！？こんな危険なもん仕掛けた覚えはないな…」 カオル「ねえ…そこ、光ってない？」	08:00
e08s05E		ACTION スマホ画面。暗闇に光る目。 DIALOGUE ハヤテ「なにかの目…あっ…！」	02:19
e08s05F		ACTION ネズミが現れる。 DIALOGUE カオル「きゃーっ！ネズミ？！」	02:20
e08s05G		ACTION 驚くトキオとトリ。 DIALOGUE トキオ「ネズミ？！」 トリ「キキキー！」	01:22

Ep. 08 No. 11

SHOT	PICTURE	ACTION	DIALOGUE	TIME
e08s05H		進むラジコン。奥でネズミも移動	SE（ウィーン…）	03:00
e08s05i		ネズミがサッと前に出て	SE（タタタ…）	03:00
e08s05J		ネズミが建材を倒していく。	SE（ガチャンッ！）	02:09
e08s05K			トキオ「ああ…！！」	02:01
e08s05L		ネズミが前に回り込み、ラジコン止まる。	SE（ウィ……） ネズミ「チチッ…」	03:13

Ep. 08 No. 12

SHOT	PICTURE	ACTION	DIALOGUE	TIME
e08s05M		鳴くネズミ	ネズミ「チッチッチ…」	03:00
e08s05N		ネズミの声を聞くコリラ		02:13
e08s05O	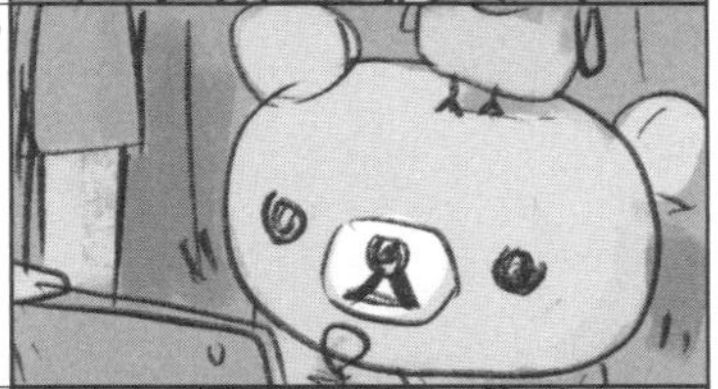	ネズミの言葉を説明するコリラ	コリラ「ぐぅぐぅぐぅ！」	02:14
e08s05P			トキオ「えっ？…うんうん…、悪気はない？ うんうん、しょっぱいものが食べたいって 言ってるって」	04:13
e08s05Q			永治「甘いものなら売るほどあるけど…」 カオル「ごめんねぇ、今度塩昆布でも持ってくるから・・・」 チュチュチュ！	09:01

Ep. 08 No. 13

SHOT	PICTURE	ACTION / DIALOGUE	TIME
e08s06A		ACTION 通路を進むラジコン DIALOGUE SE（ウィーン…）	03:07
e08s06B		ACTION 道が二股に分かれている。 DIALOGUE トキオ「あれ？横にも道あるよ！？」	04:10
e08s06C		ACTION DIALOGUE 永治「ああ！このゾーンか！」 カオル「何のゾーンなんですか？」	04:01
e08s06D		ACTION 無邪気に嬉しそうな永治。 DIALOGUE 永治「迷路ゾーンだ…！」	04:03
e08s06E		ACTION 全員が永治を見る。 DIALOGUE カオル「えっ？」 トキオ「へっ？」	02:20

Ep. 08 No. 14

SHOT	PICTURE	ACTION / DIALOGUE	TIME
e08s06F		ACTION カメラフォロー DIALOGUE SE（ウィーン…）	03:00
e08s06G	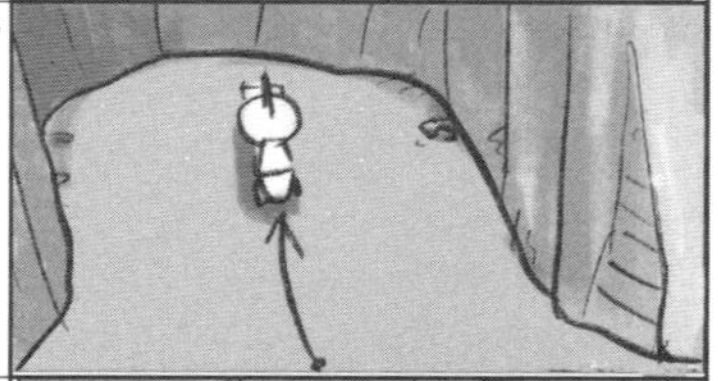	ACTION 行き止まりの道 DIALOGUE SE（……ウィン） トキオ「また行き止まりじゃん！」	04:09
e08s06H		ACTION DIALOGUE リラ「グゥー！」 トキオ「どうなってんだよ、おじさん！」	02:15
e08s06i		ACTION 困り顔の永治 DIALOGUE 永治「すまん！えっと、やっぱりさっきのとこ右だったかなぁ…」	08:02
e08s06J		ACTION DIALOGUE カオル「はやく思い出して下さい！時間ないですよ？」	03:15

Ep. 08 No. 15

SHOT	PICTURE	ACTION	DIALOGUE	TIME
e08s06K			永治「いやぁ…斗升さんが考えたからなぁ…なんか言ってたっけなぁ……」	05:15
e08s06L		ポケットの中を探しだす。	永治「ん?…あ!?ちょっと待てよ!!」	03:00
e08s06M		何かを探してゴソゴソする永治。	永治「ん?あら?んん?どこだ?どこいった?」 トキオ「どーしたんだよ?」	07:01
e08s06N		トランシーバー越しに永治の声が聞こえてくる。	永治(シーバー)『いや、俺の手帳がよぉ…あれ?そこに設計図が…あれ?』	04:00
e08s06O			園長「ちょっと何してるんですか?時間ないんですよ!」	04:21

Ep. 08 No. 16

SHOT	PICTURE	ACTION	DIALOGUE	TIME
e08s06P			永治「ちょっと待って、そっち誰か知らないか?俺の手帳がなぁ…」	04:12
e08s06Q		エミリの父が置いてある永治の手帳に気づく。		01:10
e08s06R		園長の方に向かって	エミリ父「あっ…!!これですか?」	01:22
e08s06S			永治(シーバー)『手帳あったか?』 エミリ父 「はい、多分」	03:14
e08s06T			永治「中にさ、この地下迷宮の設計図が挟まってんだ。そこに迷路の地図が描いてある。今、迷路にはまっちまって……正解の道を教えてくれ!」	07:00

Ep. 08 No. 17

SHOT	PICTURE	ACTION / DIALOGUE	TIME
e08s06U		ACTION エミリ父、手帳を開く DIALOGUE エミリ父「わ、わかりました」	03:17
e08s06V		ACTION エミリ父、中に挟まっていた地図を広げる DIALOGUE エミリ父「ええと…」	05:06
e08s06W		ACTION 園長、地図を指して DIALOGUE 園長「おそらく、今ここですね」	02:15
e08s06X		ACTION 焦るエミリ父 DIALOGUE エミリ父「えっ！めちゃくちゃ複雑…」	01:19
e08s06Y		ACTION DIALOGUE エミリ「お父さん時間ないよ！」	01:21

Ep. 08 No. 18

SHOT	PICTURE	ACTION / DIALOGUE	TIME
e08s06Z		ACTION エミリ母、後ろから地図を覗き込みながら DIALOGUE エミリ父「だ、だよな。ええっと」 エミリ母「これって中杉マークじゃない？」	05:05
e08s06Za		ACTION 迷路の地図 DIALOGUE エミリ父「中杉マーク？」	03:03
e08s06Zb		ACTION トランシーバー越しの永治、思い出したように DIALOGUE 永治（シーバー）『そうだ、中杉マークだ！』	01:11
e08s06Zc		ACTION DIALOGUE 永治「ここは中杉区の第三セクターだから、昔はそのマークを使ってたんだよ！」	06:01
e08s06Zd		ACTION 進むラジコン DIALOGUE 永治「この迷路の正解の道を通ると中杉マークになるんだ！」	04:18

Ep. 08 No. 19

SHOT	PICTURE	ACTION / DIALOGUE	TIME
e08s06Ze		ACTION DIALOGUE トキオ「いや、そんなの分かんないよ！」	03:00
e08s06Zf		ACTION DIALOGUE ハヤテ「中杉マークだと分かったとしても、どうやって進めば…」	04:20
e08s06Zg		ACTION 悩む永治 DIALOGUE 永治「うーん」	02:16
e08s06Zh		ACTION エミリ父、シーバーに向かって DIALOGUE エミリ父「だったら…！」 エミリ母「うん！」 父「私たちが誘導します！！」	06:12
e08s06Zi		ACTION 「なんですと！？」という感じのリラ DIALOGUE リラ「グウ！」	01:12

Ep. 08 No. 20

SHOT	PICTURE	ACTION / DIALOGUE	TIME
e08s06Zj		ACTION トリも DIALOGUE トリ「キキ！」	01:12
		ACTION DIALOGUE	
e08s07A		ACTION 地図を見ながらラジコン（コリラ）に指示を出している。 DIALOGUE エミリ父「いいですか？まずは右方向に5メートル」 エミリ母「T字路を左です」	04:12
e08s07B	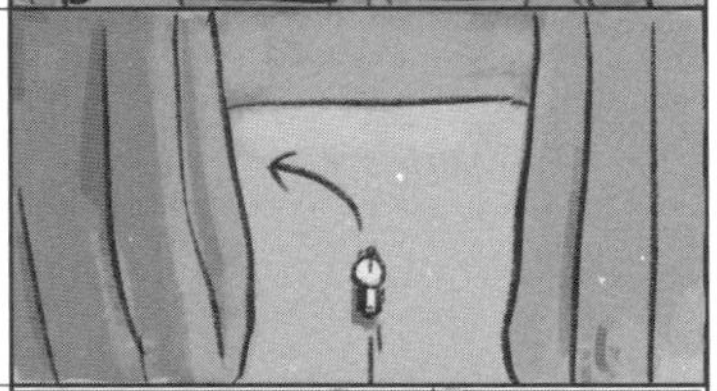	ACTION 進むラジコン DIALOGUE エミリ父「次は右です！」 エミリ母「突き当たりを左です！」	05:08
e08s07C		ACTION DIALOGUE	06:02

Ep. 08 No. 21

SHOT	PICTURE	ACTION / DIALOGUE	TIME
e08s07D		ACTION DIALOGUE エミリ父「次は右に進んで…」	03:00
e08s07E		ACTION DIALOGUE エミリ母「道はカーブしてますが…そのまままっすぐ進んでください！」	05:05
e08s07F		ACTION 両親を見るエミリ DIALOGUE エミリ父「しばらくそのままです…」 エミリ母「そのあとは…」	03:11
e08s07G		ACTION DIALOGUE	
		ACTION 白飛びして回想シーンに DIALOGUE	02:23

Ep. 08 No. 22

SHOT	PICTURE	ACTION / DIALOGUE	TIME
e08s07H		ACTION 2Dアニメ回想。UFOキャッチャー。 DIALOGUE エミリ父「見とけよ、エミリ！絶対とってやるからなー」	
		ACTION DIALOGUE エミリ母「はいはいはい・・・もう少しよー…そこだー」	
		ACTION 白飛びして回想終わり DIALOGUE	10:18
e08s07i		ACTION 回想終わって地図に向かう二人にオーバーラップ DIALOGUE	02:12
		ACTION DIALOGUE	

Ep. 08 No. 23

SHOT	PICTURE	ACTION / DIALOGUE	TIME
e08s07J		ACTION エミリがボソッと DIALOGUE エミリ「……かっこいいじゃん」	02:15
e08s08A	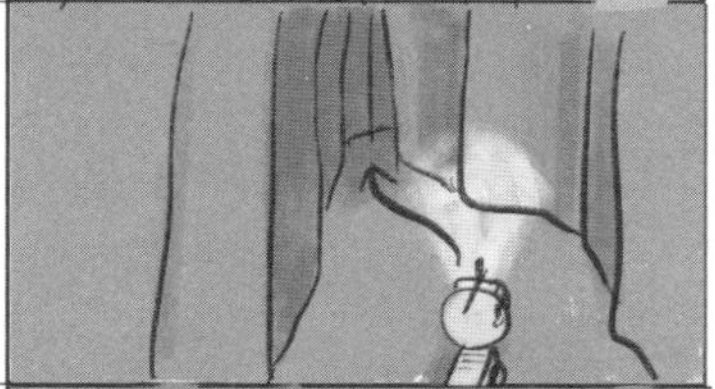	ACTION 細い道を進むラジコン DIALOGUE エミリ父「みなさんもう少しです！！」	04:09
e08s08B		ACTION 息を飲む一同 DIALOGUE エミリ母「そのまま真っすぐ行けば中杉マークは完成です！」	02:18
		ACTION DIALOGUE	
		ACTION DIALOGUE	

Ep. 08 No. 24

SHOT	PICTURE	ACTION / DIALOGUE	TIME
e08s08C		ACTION エミリの両親のキメ台詞 DIALOGUE エミリ母「よし見えた！！」	01:20
e08s08D		ACTION エミリの両親のキメ台詞 DIALOGUE エミリ父「つかまえた！！」	01:14
e08s08E		ACTION 地図のルートが浮かび上がって、 DIALOGUE	
		ACTION 中杉マークになる DIALOGUE	07:02
e08s08F		ACTION 開けた場所に出るラジコン DIALOGUE SE（ウィーン…）	04:02

Ep. 08 No. 25

SHOT	PICTURE	ACTION / DIALOGUE	TIME
e08s08G		ACTION DIALOGUE 永治「迷路ゾーンを抜けたぞ！」 カオル「やったー！」	02:17
e08s08H		ACTION DIALOGUE トキオ「よかったー！！」 ハヤテ「よっしゃー！」	03:19
e08s08i		ACTION 頷き合う園長とエミリ DIALOGUE エミリ「うん」	02:12
e08s08J		ACTION 軽くハイタッチする父と母 DIALOGUE エミリ父「いやあ、さすがイーグルアイだ。 でもよく中杉マークだって気づいたね」	04:10
e08s08K		ACTION 地図の迷路 DIALOGUE	01:17

Ep. 08 No. 26

SHOT	PICTURE	ACTION / DIALOGUE	TIME
e08s08L		ACTION 黒バック。区の指定ゴミ袋を持ったエミリ母 DIALOGUE エミリ母「だってゴミ袋に描いてあるじゃない」	02:09
e08s08M		ACTION DIALOGUE エミリ父「そうだっけ？」 エミリ母 「いつも私がゴミ出ししてますから」 エミリ父「あ…う……ははは…」	06:22
e08s09A		ACTION 進むラジコン DIALOGUE SE（ウィーン…）	04:20
e08s09B		ACTION ハッとするコリラ DIALOGUE	02:00
e08s09C		ACTION ラジコン止まる。前方が崖になっている。 DIALOGUE トキオ「あっぶね〜。道がなくなってる…」	05:16

Ep. 08 No. 27

SHOT	PICTURE	ACTION / DIALOGUE	TIME
e08s09D		ACTION DIALOGUE 永治「地面が沈んでいるのか？」	02:23
e08s09E		ACTION DIALOGUE ハヤテ「これ…進めないですよね…」 カオル「その自家発電装置っていうのは、この先ですか？」	05:15
e08s09F		ACTION DIALOGUE 永治「ああ…この崖を抜けて、すぐそこのはずだ…」	03:15
e08s09G		ACTION DIALOGUE トキオ「もー、どうすんだよ……」	03:01
e08s09H		ACTION 落ち込むリラ DIALOGUE リラ「グゥー…」	02:23

Ep. 08 No. 28

SHOT	PICTURE	ACTION / DIALOGUE	TIME
e08s09i		ACTION シーバーからエミリの声 DIALOGUE エミリ（シーバー）『よし！プログラミングもう終わるよ！』	02:23
e08s09J		ACTION DIALOGUE 園長（シーバー）『パレード開始まであと１０分ほどです。そっち間に合いますか？！』 永治「……こっちは、まさに崖っぷちだ…」	07:00
e08s09K		ACTION 肩を落とす一同 DIALOGUE エミリ（シーバー）「あーあ…ゲームなら簡単なのにね…」	03:20
e08s09L		ACTION エミリの言葉を反芻するリラ DIALOGUE	
↓続く		ACTION 何かに気づき、 DIALOGUE	

Ep. 08 No. 29

SHOT	PICTURE	ACTION / DIALOGUE	TIME
↓続き e08s09L		ACTION リモコンを手にする DIALOGUE	07:10
e08s09M		ACTION 映像を見せろとせがむリラ DIALOGUE カオル「ん？リラックマ…？」 リラ「グウグウ…」	
		ACTION DIALOGUE トキオ「ああ、どうするつもりだよ。リラックマ…」	08:09
e08s09N	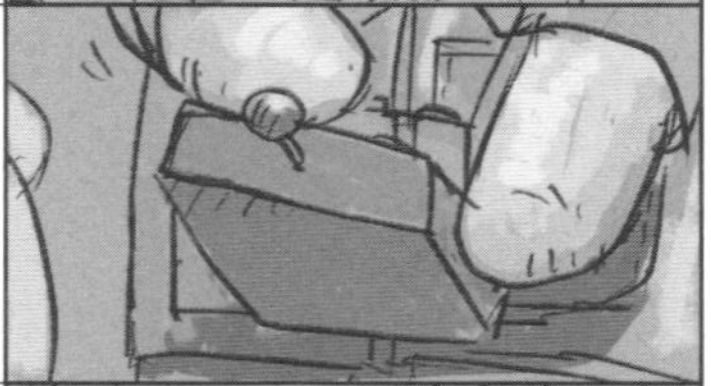	ACTION リラの手、リモコンのボタンを押す DIALOGUE	01:15
e08s09O		ACTION 急にバックする DIALOGUE SE（ウィーン…）	02:17

Ep. 08 No. 30

SHOT	PICTURE	ACTION / DIALOGUE	TIME
e08s09P		ACTION トリ、何してるの！って感じで DIALOGUE トリ「キキキー！」	01:21
e08s09Q		ACTION トキオ焦ってリラを問い詰める。 DIALOGUE トキオ「なんで戻るんだよリラックマ！」	03:10
e08s09R		ACTION 永治・カオルも不審顔。 DIALOGUE 永治「おい、ジャンプしようってんじゃないだろうな？無理だぞ、それは…」 カオル「えぇっ？」	05:11
e08s09S		ACTION リラ、真剣な表情。ズーム DIALOGUE リラ「グググ…」	02:19
e08s09T		ACTION リモコンのボタンを押す DIALOGUE SE（カチッ！）	00:16

Ep. 08 No. 31

SHOT	PICTURE	ACTION / DIALOGUE	TIME
e08s09U		ACTION 砂煙を上げて走りだすラジコン DIALOGUE SE（ウィーン！！！）	02:00
e08s09V		ACTION DIALOGUE	01:12
e08s09W		ACTION 全速力で走ってくるラジコン DIALOGUE	01:12
e08s09X		ACTION DIALOGUE	01:12
e08s09Y		ACTION ０２１２司 DIALOGUE エミリの声「ハイパートルネード！！」	01:15

Ep. 08 No. 32

SHOT	PICTURE	ACTION / DIALOGUE	TIME
e08s09Z		ACTION ゲーム画面インサート DIALOGUE	00:20
e08s09Za		ACTION ゲーム画面インサート DIALOGUE	01:03
e08s09Zb	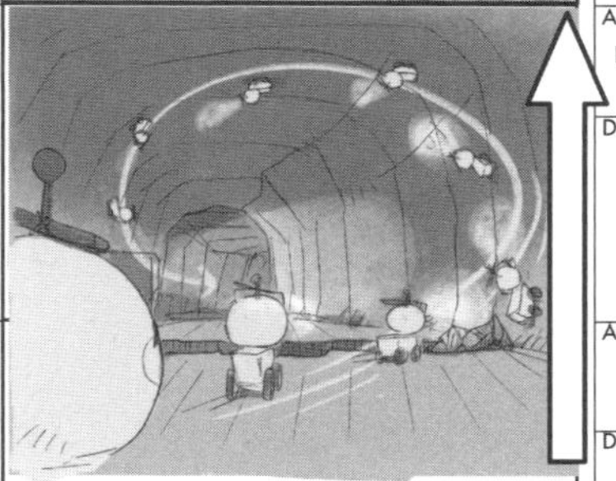	ACTION HS 風。走った軌跡が残っていく CG 処理 DIALOGUE	
		ACTION DIALOGUE	02:18
e08s09Zc		ACTION HS 風。リモコン操作している DIALOGUE	01:16

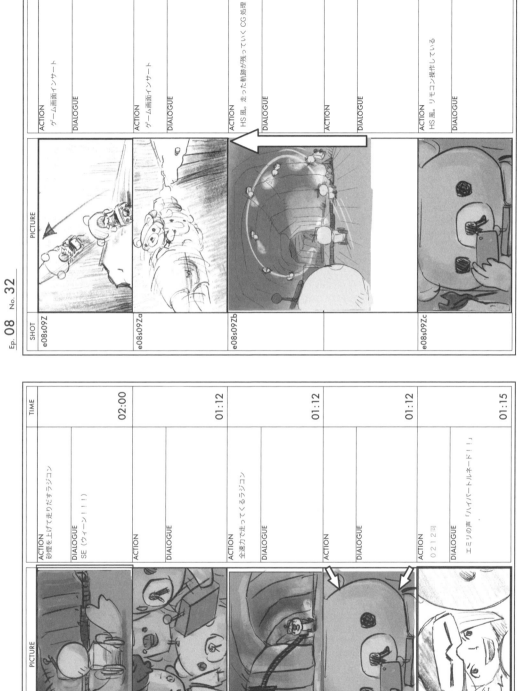

Ep. 08 No. 33

SHOT	PICTURE	ACTION / DIALOGUE	TIME
e08s09Zd		ACTION ぐるーーっと壁から天井を回って、 DIALOGUE	
		ACTION 着地するラジコン DIALOGUE SE（ガシュンッ…！）	02:08
e08s09Ze		ACTION 歓声をあげる一同 DIALOGUE トキオ＆ハヤテ「やったー！」 カオル「リラックマすごーい！」 永治「いいぞ！そのまま見えてる右の側道に入れ！」	05:18
e08s09Zf		ACTION みんなに褒められるリラ DIALOGUE リラ「グゥー！」 トリ「キキキー」	03:10
e08s09Zg		ACTION 叫ぶ園長 DIALOGUE 園長の声「パレードまであと１分です！」 時計のカウントダウン音聞こえる。	02:15

Ep. 08 No. 34

SHOT	PICTURE	ACTION / DIALOGUE	TIME
e08s09Zh		ACTION 焦れる客 DIALOGUE 客「まだー？」 客「早くー」	02:06
e08s09Zi		ACTION 心配そうに時計台をみるピエロ DIALOGUE	01:08
e08s09Zj		ACTION パフェタワーの時計のアップ７時２９分 DIALOGUE	01:15
e08s10A		ACTION カメラ PAN DIALOGUE	03:17

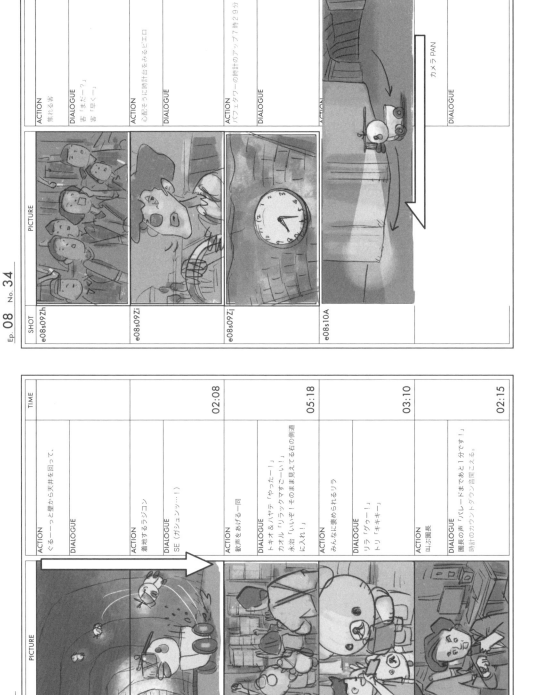

Ep. 08 No. 35

SHOT	PICTURE	ACTION	DIALOGUE	TIME
e08s10B		カメラトラックアップ 発電装置の部屋	SE（ウィーン…）	03:00
e08s10C			エミリ「出来た！」	03:00
e08s10D		エンターキーを叩くエミリの手	SE（タンッ！）	01:12
e08s10E		ステータスが待機状態になる		02:00
e08s10F		装置に向かって進むラジコン。足場が悪くガタガタしている	SE（ウィーン…）（ガタガタ…）	03:00

Ep. 08 No. 36

SHOT	PICTURE	ACTION	DIALOGUE	TIME
e08s10G		ラジコン目線。スイッチに近づく		02:00
e08s10H		見守る一同		02:00
e08s10i				
		カメラドリー。スイッチにギリギリ届かない所で石に引っかかって止まってしまう	SE（ガタガタガタ……ガツッ！！）	04:09
e08s10J		ハッとするリラ		00:14

Ep. 08 No. 37

SHOT	PICTURE	ACTION / DIALOGUE	TIME
e08s10K		ACTION ハッとするカオル DIALOGUE	00:15
e08s10L		ACTION ハッとするトリ DIALOGUE	00:17
e08s10M		ACTION DIALOGUE	03:00
		ACTION DIALOGUE	
		ACTION DIALOGUE	

Ep. 08 No. 38

SHOT	PICTURE	ACTION / DIALOGUE	TIME
e08s10N		ACTION 腕を振るコリラ DIALOGUE トリ「キキッ！」 コリラ「ぐうー…」	01:02
e08s10O		ACTION フラワースティックの花が飛び出てスイッチを押す DIALOGUE SE（シュポン！！）（カチッ！）	01:02
e08s10P		ACTION ノート PC の表示 DIALOGUE SE（ピピッ！）	01:02
e08s10Q	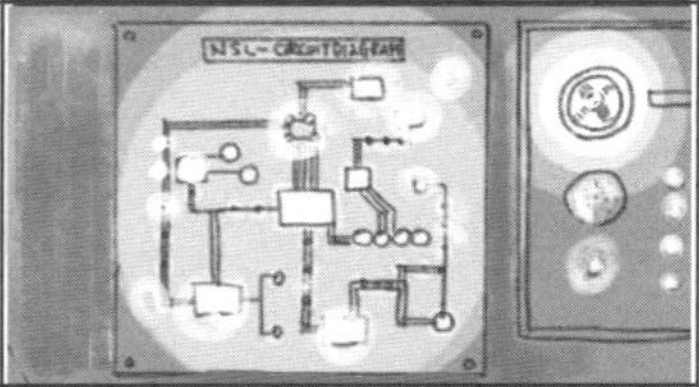	ACTION 制御室の配電マップに明かりが点灯していく DIALOGUE SE（ウィー……カチカチカチ……）	04:06
e08s10R ↓続く		ACTION DIALOGUE SE（ゴゴゴゴゴ…）	

Ep. 08 No. 39

SHOT	PICTURE	ACTION / DIALOGUE	TIME
↓続き e08s10R		ACTION 園全体に明かりが灯る DIALOGUE SE（ゴンッ！）	07:11
e08s10S		ACTION 喜ぶエミリー家 DIALOGUE エミリ父「よくやった！」 エミリ母「エミリえらい！」	03:23
e08s10T		ACTION 永治たちに DIALOGUE 園長「ご苦労さまでした」	02:20
e08s10U		ACTION 涙ぐむスズネ DIALOGUE スズネ「ぐすっ……よかった」	06:01
e08s11A		ACTION 光るメリーゴーランド DIALOGUE	03:00

Ep. 08 No. 40

SHOT	PICTURE	ACTION / DIALOGUE	TIME
e08s11B		ACTION 地下通路方面から歩いてくるリラたち DIALOGUE カオル「わっ！きれいねー」 ハヤテ「そうですね…」	06:06
e08s11C		ACTION DIALOGUE 永治「お前さんも急がんと！もうパレード始まっちまうぞ～」	05:02
e08s11D		ACTION ハッとするリラ DIALOGUE	02:00
e08s11E		ACTION 黒バック。スペシャルホットケーキ DIALOGUE	02:00
e08s11F		ACTION ワホッのポーズ DIALOGUE	02:00

Ep. 08 No. 41

SHOT	PICTURE	ACTION / DIALOGUE	TIME
e08s12A		ACTION カメラクレーンダウン パレードが始まっている DIALOGUE （スズネの歌）	
		ACTION DIALOGUE	06:17
		ACTION DIALOGUE	
e08s12B		ACTION	
		ACTION ダンサーたち DIALOGUE	06:18

Ep. 08 No. 42

SHOT	PICTURE	ACTION / DIALOGUE	TIME
e08s12C		ACTION ケーキの山車の上のスズネ カメラ回り込み DIALOGUE	08:18
e08s12D		ACTION DIALOGUE トキオ「わぁ〜すげ〜！」	04:00
e08s12E		ACTION パレードでパフォーマンスするピエロ DIALOGUE カオル「あっ！ピエロさーん！」	04:00
e08s12F		ACTION コールするファンたち DIALOGUE ファンたち「L・O・V・E!ス・ズ・ネ！」	04:00
e08s12G		ACTION ハヤテも カオルさん引き気味 DIALOGUE ハヤテ「L・O・V・E!ス・ズ・ネ！」	03:15

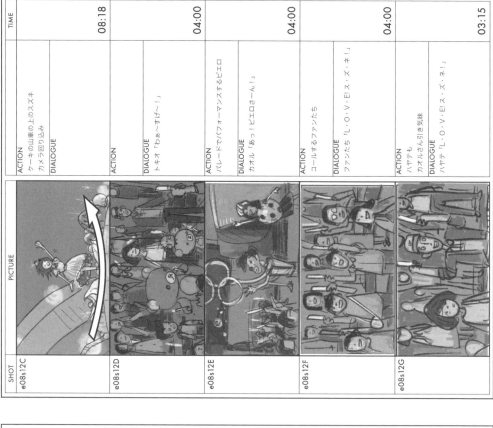

Ep. 08 No. 43

SHOT	PICTURE	ACTION / DIALOGUE	TIME
e08s12H		ACTION どさくさに紛れてハヤテくんコール DIALOGUE カオル「L・O・V・E!ハ・ヤ・テ！！」	04:09
e08s12i		ACTION 山車が進む DIALOGUE	05:02
e08s12J		ACTION お客さんに手を振るスズネ DIALOGUE スズネ「３５年の長きにわたりNAKASUGI-LANDをご愛顧いただき誠にありがとうございました」	05:22
e08s12K		ACTION 巨大アヒルちゃん登場 DIALOGUE	04:23
e08s12L		ACTION エミリー家 DIALOGUE エミリ「あれ、動いたんだ！」	05:01

Ep. 08 No. 44

SHOT	PICTURE	ACTION / DIALOGUE	TIME
e08s12M		ACTION 巨大アヒルの口から紙吹雪！頭からは鳩！ DIALOGUE	05:16
e08s12N		ACTION リモコンで操作する得意げな永治 DIALOGUE 永治「へへっ」	03:00
e08s12O		ACTION 踊るスズネ DIALOGUE	09:02
e08s12P		ACTION リラたちもスズネに合わせて DIALOGUE	12:14
e08s12Q		ACTION コリラの頭の上で踊るトリ DIALOGUE	03:22

Ep. 08 No. 45

SHOT	PICTURE		TIME
e08s12R		ACTION 永治に歩み寄る園長 DIALOGUE 園長「永治さん……無理でした。やはり、ここを存続させることは出来そうにありません…」 永治「なぁに、なんだって終わりは来るんだからよ。	09:01
e08s12S		ACTION DIALOGUE 永治「今はこのパレードを楽しもうや」	04:00
e08s13A		ACTION 花火が上がる DIALOGUE SE（ドン！…ドン！…ドン！） カオル「はぁ、キレイねぇ…」	04:13
e08s13B		ACTION DIALOGUE カオル「なんか今日の疲れも	04:00
e08s13C		ACTION DIALOGUE カオル「癒やされるわ……」 トキオ「ええ〜？カオルさん、弁当箱バスに忘れて取りに行ってただけじゃん」	06:03

Ep. 08 No. 46

SHOT	PICTURE		TIME
e08s13D	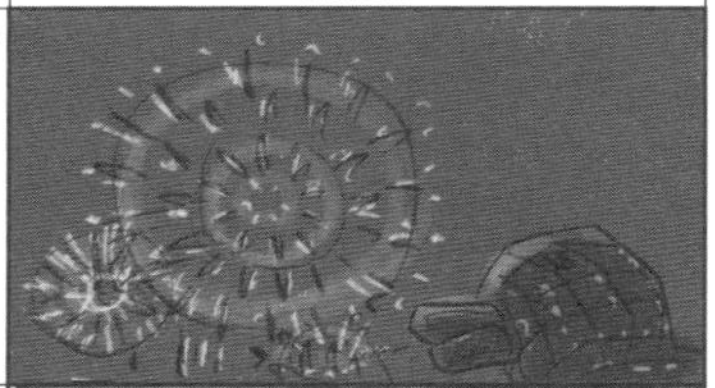	ACTION 花火 DIALOGUE SE（パパーン！！） トキオ「俺たちの方が大変だったんだから一」 カオル「あら！知らないの？？」	05:00
e08s13E		ACTION DIALOGUE カオル「私たちがどれだけ大変だったか。ねぇ？コリラックマ」	05:00
e08s13F		ACTION うなずくコリラ DIALOGUE コリ「ぐう」 トキオ「いやいや、こっちのが大変だったよ！なぁ、キイロイトリ！」	
		ACTION 手を上げるトリ DIALOGUE トリ「キキッ！」	07:09
e08s13G		ACTION DIALOGUE トキオ「まぁでもリラックマたちと一緒だったから、楽しかったけどさぁ…」	04:19

Ep. 08 No. 47

SHOT	PICTURE	ACTION / DIALOGUE	TIME
e08s13H		ACTION DIALOGUE カオル「ふふ、そうねぇ…いろいろあったけど、	05:07
e08s13i		ACTION カオルを見やるハヤテ DIALOGUE	01:17
e08s13J		ACTION DIALOGUE カオル「遊園地来て良かったね。 ね、リラックマ？」	03:02
		ACTION DIALOGUE	
		ACTION DIALOGUE	

Ep. 08 No. 48

SHOT	PICTURE	ACTION / DIALOGUE	TIME
e08s13K		ACTION あたりを見回す DIALOGUE カオル「あれ、リラックマは？」	04:07
e08s13L		ACTION 屋台でスペシャルホットケーキをもらって食べている DIALOGUE	04:22
e08s13M		ACTION 満足した表情 DIALOGUE リラ「ハァ〜…」	04:00
e08s13N		ACTION スタンプがポン！ DIALOGUE	02:06
		ACTION DIALOGUE	

Ep. 08 No. 49

SHOT	PICTURE	ACTION / DIALOGUE	TIME
e08s14A		ACTION クレジットパート（ここはメインアクターのみ）。 リラたちが遊園地を訪れた日のオフショットやそこから 閉園までの様子が伺える写真とともに。 DIALOGUE	05:00
e08s14B		ACTION DIALOGUE	05:00
e08s14C		ACTION DIALOGUE	05:00
e08s14D		ACTION DIALOGUE	05:00
e08s14E		ACTION DIALOGUE	05:00

Ep. 08 No. 50

SHOT	PICTURE	ACTION / DIALOGUE	TIME
e08s14F		ACTION DIALOGUE	05:00
e08s14G		ACTION DIALOGUE	05:00
e08s14H		ACTION DIALOGUE	05:00
e08s14i		ACTION DIALOGUE	05:00
e08s14J		ACTION DIALOGUE	05:00

Ep. 08 No. 51

SHOT	PICTURE	ACTION / DIALOGUE	TIME
e08s15A		ACTION 後日。いつもの河原。カオルはスマホを見ている DIALOGUE	04:15
e08s15B	 	ACTION ナカスギランド閉園のニュース DIALOGUE カオル「はぁ〜、そっかぁー…」	03:00
e08s15C		ACTION なんと無く寂しいカオル DIALOGUE SE（ブロロロロロ…ブウン）	04:03
e08s15D		ACTION 土手の上。ハヤテがトラックでやってくる DIALOGUE SE（バタン！）	
		ACTION 荷物を持って手を振るハヤテ DIALOGUE ハヤテ「コリラックマさん！お届け物です」	04:21

Ep. 08 No. 52

SHOT	PICTURE	ACTION / DIALOGUE	TIME
e08s15E		ACTION 振り返るカオル。手を振るコリラとトリ DIALOGUE カオル「ハヤテくん…」 コリラ「ぐうぐう！」	03:00
e08s15F		ACTION 駆けてくるハヤテ DIALOGUE ハヤテ「ほら、永治さんからだよ」	03:00
e08s15G		ACTION 段ボール箱を開ける DIALOGUE SE（ビー…）	02:00
e08s15H		ACTION コリラ、ゴソゴソ探って DIALOGUE	
		ACTION ラジコンを取り出す DIALOGUE コリラ「ぐうー！」	05:14

Ep. 08 No. 53

SHOT	PICTURE	ACTION	DIALOGUE	TIME
e08s15i		手紙を読むカオル	カオル「あら、手紙はスズネちゃんからよ！…えっと…『みなさんお元気ですか？…	08:08
e08s15J		手紙、スズネの声になる	スズネ『その節はお世話になりました。	02:08
e08s15K			スズネ『改造したラジコンは永治さんが修理して元通りになりました。大切なものを貸してくれてありがとうございました。	03:20
e08s15L			スズネ『NAKASUGI-LAND は先日閉園し、	07:00
e08s15M			スズネ『それぞれみんな、別の道を歩み始めています。	03:07

Ep. 08 No. 54

SHOT	PICTURE	ACTION	DIALOGUE	TIME
e08s15N			スズネ『大変なことはあるけど、楽しくやっていれば前へ進めるんですよね。	09:13
e08s15O			スズネ『私も今は、明日が来るのが待ち遠しいです。・・・スズネより』・・・ふふふ」	07:09
e08s15P		ぐーすか寝るリラ。蝶が飛んできて		04:12
e08s15Q		鼻に止まった所でパチッと目を開ける		05:13
	以下、全スタッフロール入ります			

声の出演

カオルさん：多部未華子　**トキオ**：松本惣己　**園長**：高木渉　**タツヤ**：志賀麻登佳
スズネ：上田麗奈　**エミリ**：蒼井由奈　**ピエロ**：寺崎千波也　**マキコ**：生天目仁美
ハヤテくん：山田孝之　**永治**：宮内敦士　**斗升**：増谷康紀　**スタッフA**：蟹江俊介

スタッフ

エグゼクティブプロデューサー：坂本和隆　後藤太郎（Netflix）
千田昌男　千田洋史（サンエックス）
クリエイティブスーパーバイザー：サンエックス“リラックマチーム”
プロデューサー：松本紀子　岡田由里子　伊藤大樹
クリエイティブアドバイザー：コンドウアキ
脚本：角田貴志　上田誠（ヨーロッパ企画）
シリーズディレクター：小林雅仁
エピソードディレクター（ep2&5）：小川育
アシスタントディレクター：堀川大輔　森田早喜　小野寺更紗
プロダクションマネージャー：合田貴菜　平松桃
プロダクションアシスタント：山中瑠音　内田あやめ　木内美沙　里村絵美
チーフアニメーター：根岸純子
アニメーター：阿部靖子　稲積君将　オカダシゲル　小川翔大
垣内由加利　高野真　FREJ BENGTSSON
ジュニアアニメーター：小林玄　加藤鳳
アニメーターアシスタント：池田夏乃　上坂好乃　宮村和
撮影監督：助川祐樹
撮影：中野稜允　宮崎佑介　杉木完
照明：新井朱句世
照明助手：加藤英彦
スタジオスタッフ：亀井樹　島田紗希　横井かおり　吉野朱音
撮影機材コーディネート：堀江浩太朗　天野卓也
キャラクターデザイン／カオルさん：Francesca Natale
サブキャラクターデザイン：タテオカタカシ　小川育　根岸純子　森田早喜
ロパーツデザイン：堀江歩生
人形制作進行：原田修平
マケット制作：タテオカタカシ　藤本祐美　浅海雅俊　田中快房　笠原幸大
関節制作：小前隆　近藤翔　上野啓太
3Dモデルプリント：遠藤博之
ソニーグローバルマニュファクチャリング&オペレーションズ株式会社
衣装制作：関口妙子　白石幸子　イシワタリアユ　瀬島真由
スタイリング／衣装デザイン：下山さつき
人形制作：阿彦よし子　阿彦岳　吉田悟　山本真由美　青柳清美
青木友香　小田文子　田代彩菜　秦景子　眞賀里知乃
秋葉尚子　早坂美緒　細川奈々美　三宅菜月　田埜昌美
Mackinnon & Saunders Puppet Workshop
コンセプトアート：久保謙治
プロダクションデザイン：立花仁
美術進行：土江田賀代　青山敦子
デザイナー：舩木愛子
撮影現場美術：羽柴英明　呂師
セット装飾：土江田賀代　山中美咲　福島彰夫
造形：市原俊成　大隅智司　大林裕明　岡田博　桐原基人　新飼晴彦
西谷恵美　西谷勇三　西谷りゅう　松森広美　湯原啓介
小道具制作進行：横山あゆみ
小道具造形：江口志帆　佐藤麻美　重枝涼香　三浦美晴　横山あゆみ
OP小道具造形：日置優里　なまけもの本舗
フェネック作家：樹山
アートディレクター：尾坂圭介
デザイナー：白鷺来喜　清水春菜　平井彩萌　塩田茉利衣
2Dアニメーター：駒崎友海　宮かなえ　森田早喜
カリグラフィー：高野由香里
プリビズ出演者：渡邉とかげ　笹野鈴々音　鈴木朝代　永滝元太郎
松本亮　足立信彦　田中涼子
プリビズキャスティング：森千江子
振付け：寺杣彩
声優キャスティング：関根佐知子　町田薫
VFXスーパーバイザー：杉木完
VFX：平松桃　塩田茉利衣
CGディレクター／ CGスーパーバイザー：山浦勝喜
デジタルアーティスト：黒田卓嗣　嶋原芳樹　村田寛弥　酒井直哉
CGモデリングプロデューサー：周永剛
CGモデリングディレクター：楊暁東
CGモデラー：顧蔚　秦朕
データローダー：石井栄太
写真提供：小川由司
パイプラインマネージャー：堀川大輔
パイプラインスーパーバイザー：CHRISTOPHE RODO Megalis VFX
リードコンポジター：帆足誠
カラリスト：則兼智志
アシスタントカラリスト：小関梓
カラーイメージングエンジニア：長谷川智弘
IMFマスタリング：新谷彩
テクニカルディレクター：石田記理
ラボコーディネート：小島岳志
ラボマネージャー：長澤和典
デジタルプロダクションコーディネーター：毛利誠
デジタルアーティスト：石田延哉　石橋悠太　黒住明伸　黒田さおり　小池俊範
小平和也　小林奈津子　古俣香織　齋藤真子　坂下登
真田尚始　三宮早貴　菅井忠幸　丹野豊一　塚元陽大
堤祐輔　戸部直人　中野一生　中野裕介　成田純子
西脇寿郎　深町理　武坂耕二　八坂遼太郎　山﨑忠幸
山下大輔　田端俊朗　馬込夏帆　三浦剛　古田祥代
山本智也
VFXディレクター：山口幸治　片山太暉　孫聖皓　西尾郁美
VFXプロデューサー：ノブタコウイチ　Shawn Sun Shiyu
CGIプロデューサー：宮崎弘喜
コンポジター：野路皓貴　松江航　金子信博　渡邉渉太郎　橋本圭介
三輪宝子　齋藤和也　小澤謙　船井隆浩　飯山千佳　佐藤翼
渡辺力　船曳一廣　山際久嗣　小山田恵太　岩元忍
レタッチャー：辻野理恵　山口透葉
スタジオマネージャー：山口大輝
テクニカルコーディネーター：照井一宏
デジタルアーティスト：Wang Xiuwei　Wang Weiwei　Guo Yongchao
Jiang Dongju　Mei Yaqian　Tian Shushu　Jiang Jichen
Xu Guoqiang　Pu Honghua　He Mengtian
Liu Jiangpeng　Ma Xinxin　Li Aiyue　Xue Tao
Li Jiayu　Shi Mengnan　Li Xiayu　Feng Xuemeng
Wang Yannan　Li Yushuang　Zhang Qian　Wang Siyun
Zhang Na　Shu Shanlong　Zhang Chuanqi　Wu Jiaqing
Zhang Ziyu　Yue Yang　Li Yibo　Zhang Zijing
Zhang Zhiqiang　Gao Jiaqi　Du Xinyang
Zhang Zhibiao　Li Yuxin　Meng Fanxin
プロダクションマネージャー：CiCi Zhang Ning
ロト／ペイントスーパーバイザー：Zhang Yongzheng
音響監督：町田薫
レコーディングエンジニア：松田悟
レコーディングエンジニアアシスタント：宇都奈菜実
スタジオコーディネート：本間修
音響効果：安江史男
法務協力：原田孝史
制作デスク：北﨑朋子
ケータリング：今橋貴代　神谷美鈴　栗栖佳代
通訳：塚本仁希
音楽：岸田繁
主題歌：「ポケットの中」くるり
NOISE McCARTNEY：谷本智美　久米浩太郎　関根直　齋藤明日香
SPEEDSTAR RECORDS：小野朗　松元直樹　山本雅之　内田雄介　佐藤航

株式会社 xpd／株式会社 TREE Digital Studio／CRANK
株式会社TREE Digital Studio／Media Garden
IMAGICA エンタテインメントメディアサービス／株式会社 タバック／株式会社オポス
株式会社青二プロダクション／有限会社プレジオ／有限会社ハル
ラララララボラトリー／ソニーグローバルマニュファクチャリング&オペレーションズ株式会社
株式会社キューイ／株式会社インタープログラフ／SPS合同会社
株式会社 D-HORIZON／株式会社ヒューマックスシネマ／株式会社 CONTORNO
CHICA合同会社／神央薬品株式会社／明々後日株式会社
RayLight Media Pte. Ltd. Shanghai／Megalis VFX
Tacit Knowledge Sound 合同会社／NOISE McCARTNEY
SPEEDSTAR RECORDS

制作・プロデュース：ドワーフ
製作・著作：サンエックス株式会社

Staff

デザイン　清水佳子(smz')　高八重子

撮影　【P19-21】大塚秀美

ヘアメイク　【P19-21】小田切亜衣(emu Inc.)

スタイリング　【P19-21】TSUBASA(Ant)

編集協力　岡田由里子　伊藤大樹(dwarf)
米村真由美　西田愛実　濱田美奈恵(サンエックス株式会社)

校閲　株式会社 文字工房燦光

構成・取材・本文　保谷恵那

編集　熊田唯子

※本書に掲載している制作資料はあくまでも
撮影関係者間で共有する目的で作成されたものです。

リラックマと遊園地

Navigation Book

主婦と生活社 編

編集人　芦川明代

発行人　倉次辰男

発行所　株式会社主婦と生活社
〒104-8357
東京都中央区京橋3-5-7
編集　03-3563-5133
販売　03-3563-5121
生産　03-3563-5125
ホームページ　https://www.shufu.co.jp/

印刷　大日本印刷株式会社　　製本　共同製本株式会社

SAN-X ホームページ　https://www.san-x.co.jp/

Printed in Japan　ISBN978-4-391-15928-8